Antonio D'Andria

"EDUCATO A MAGNANIMI SENSI"
Nicola Fiorentino
ILLUMINISTA DEL DISSENSO

Firenze
Edizioni CLORI
MMXIX

Studi storici, filologici e letterari

La collana *Studi storici, filologici e letterari* pubblica – in formato *ebook*, secondo i principi del *gold open access*, e cartaceo – saggi, edizioni e monografie di ambito storico e filologico-letterario. La collana dispone di comitato scientifico internazionale. Le proposte di pubblicazione sono sottoposte a *double blind peer review*. Tutte le opere della collana sono disponibili al *download* gratuito sulla *home page* dell'editore, a cui si rimanda per ogni informazione.
http://www.edizioniclori.it

Edizioni CLORI

ISBN 978-88-942416-5-5

In copertina: Antonio Joli, "Partenza di Carlo di Borbone per la Spagna (1759), Napoli, Museo Nazionale di Capodimonte

Indice

Elenco delle abbreviazioni

Ara: *Atti della Reale accademia delle scienze e belle-lettere di Napoli: dalla fondazione sino all'anno MDCCLXXXVII,* presso D. Campo, stampatore della Reale accademia, Napoli, 1788.

Battaglini-Placanica: M. Battaglini-A. Placanica, *Atti, leggi, proclami ed altre carte della Repubblica Napoletana. 1798-1799*, De Mauro, Napoli, 2000.

BNN: Biblioteca Nazionale di Napoli.

Giustiniani: L. Giustiniani, *Memorie Istoriche degli scrittori legali del Regno di Napoli*, Stamperia Simoniana, Napoli, 1787, tomi I-III.

LGF: N. Fiorentino, *Lettere di Gaetano Fiorentini ad un suo amico sopra il saggio di D. Ermenegildo Personé sulla Diceosina dell'Abbate Genovesi*, presso Gennaro Verriento, Napoli, 1780.

RRN: N. Fiorentino, *Riflessioni sul Regno di Napoli*, De Bonis, Napoli, 1794.

SNSP: Società Napoletana di Storia Patria.

Introduzione

Nel più generale contesto riguardante modi e forme della comunicazione politica e dell'evoluzione della cultura nel Mezzogiorno d'Italia di fine Settecento, particolare rilievo riveste la ricostruzione e la lettura di percorsi di cultura e azione dell'intellettualità napoletana e delle province del Regno di Napoli, nel passaggio dalle riforme alla Rivoluzione.

Si trattò, in effetti, di un momento cruciale nella "presa di coscienza" che l'epoca del riformismo, avviata nel "tempo eroico" della compagine meridionale, a partire da Carlo di Borbone, aveva esaurito la propria spinta propulsiva e che, dopo il proseguimento delle riforme nel primo periodo ferdinandeo, l'illusione di una collaborazione tra intellettuali e Corona sembrava naufragare del tutto. Personalità come Francesco Mario Pagano o Onofrio Tataranni attraversarono una parabola discendente che si espresse non solo nei fatti ma, innanzitutto, nelle forme comunicative, come evidenzia la ricerca sinora svolta dalla più recente storiografia su *pamphlet*, opuscoli a stampa e scritti di vario genere che coprono il periodo che va dal 1780 al 1799.

Il rapporto della Corona con l'intellettualità nel conseguimento del bene comune, nel decennio 1789-1799, andò, com'è noto, sempre più sfilacciandosi e, dopo i tragici risultati della congiura del 1794, assunse i connotati di una progressiva opposizione.

Uno degli esempi più rilevanti in tal senso è Nicola Fiorentino di Pomarico, matematico, giurista, economista, difficilmente etichettabile nella categoria di "illuminista", alquanto generica, che studi molto datati si ostinano a cucirgli addosso, senza affrontare uno studio complessivo della persona, dell'ambiente e degli elementi di cultura politica che lo contraddistinsero.

Sicché, proprio per meglio focalizzare l'attenzione sul pensatore lucano, si è partiti dal delinearne la parabola biografica, contestualizzandone la carriera in quel periodo in cui, sul piano pedagogico ed ideologico, si verificò la confluenza tra l'Illuminismo e la tradizione classica e repubblicana che in quegli anni, attraverso nuclei di solida cultura politico-scientifica quali l'Università e l'Accademia Militare della Nunziatella, andavano a nutrire e stimolare il dibattito sui nuovi compiti del governo. Si trattò di un passaggio da una cultura ancora fermamente legata al *progettare* ad una visione del mondo basata sull'*agire*, che nei simboli e nei concetti di derivazione classica ritrovava un modello fattuale di rinnovamento totale della società e della politica. Il tutto sotto l'egida del buonsenso e, soprattutto, della "filosofia in soccorso de' governi" di Genovesi e Filangieri.

Inoltre, analizzando l'opera del Fiorentino matematico e giurista, nonché del "giacobino", si è cercato di individuare i fili conduttori del suo progetto di rinnovamento pedagogico, riportando, altresì, in appendice due operette stese nel pentamestre del 1799 e la premessa dell'opera maggiore, quelle *Riflessioni sul Regno di Napoli* pubblicate nel tragico 1794, dopo la "congiura di Lauberg" che segnò il punto di non ritorno nel rapporto tra i Borbone e gli intellettuali meridionali, inizio di una china discendente fino alla Rivoluzione del 1799. In tale ottica, cercando di analizzare i punti portanti dell'opera come "manifesto" del Fiorentino maturo, si è tentata, nell'ultimo capitolo, una rilettura il più possibile puntuale di un'opera la cui analisi critica resta ancora confinata tra i *desiderata*, visto che tanta storiografia finora rimane, purtroppo, alle note di Lorenzo Giustiniani e Michele Rosi:

Nato in Pomarico in provincia di Matera nel dì 3. Aprile del 1755. Fatti che ebbe i primi studj nella sua patria, fu posto dipoi nel seminario di Tricarico, e dopo mesi 18. essendo egli allora di circa anni 12. venne in Napoli nel 1767. affin di perfezionarsi in quegli studj, che abbozzati avea ne' rispettivi luoghi. Ivi sotto la disciplina di D. Marcello Cecere, maestro di matematica nelle scuole del Salvadore, diede opera a questa scienza con qualche successo, e nel 1769. essendosi ordinati i concorsi per le scuole da stabilirsi nelle provincie, ancorché egli fosse di anni 14. non gli mancò il coraggio di presentarsi, per concorrere cogli altri, non ostante che chi era incumbenzato a notare i nomi de' concorrenti, nol volea mettere in ruolo. Egli adunque fatto il suo concorso, ed eletto per maestro di matematica nella Città dell'Aquila, sebbene la sua età non comportava far da maestro in questa scienza, si pensò fargli avere perciò una pensione dal Sovrano, finché giunto fosse all'età di anni 20., ed intanto mandare altra persona a sostenere quella cattedra. Ella però fu poscia data in proprietà, ed egli il Fiorentino mandato ad istudiare nel Collegio Ancarano in Bologna, ove fece del sommo profitto in quella scienza a segno, che dopo un anno quel Regio Visitatore Monsignor D. Andrea Franchi ne l'ebbe a mandare, riferendo al Sovrano a' 16. Settembre del 1773. che più colà il Fiorentino a far non ci avea. Ritornato adunque da Bologna, fu destinato nel 1774. maestro di matematica, e di filosofia razionale nel Real Convitto di Bari avendone avuto avviso in Ottobre del 1775. ed in Novembre dello stesso anno ne prese il possesso, con aver poi nell'erezione della Real Accademia di Scienze, e Belle Lettere di Napoli meritato anche una piazza di Socio. Indi nel 1781. per alcune sue indisposizioni ebbe a portarsi in Napoli, in qual frattempo essendo morto il governadore del Convitto di Bari, ancorché vi fosse legge di non potersi conferire quella carica ad uno meno di anni 40. pure la Maestà del Sovrano, avendo riguardo a' suoi talenti, e a' servigi prestati con della somma attenzione, glielo conferì benignamente; ma non tantosto fe ritorno in Bari, che venne sorpreso dalle stesse indisposizioni, e videsi costretto di preferire la propria salute, agli onori di soprantendente delle Regie scuole di quella Città. Ritornato in questa Capitale, ed avendo ottenuto il mezzo soldo dal Sovrano, diedesi all'esercizio del foro, e a quello di maestro privato di matematica, e di filosofia[1].

FIORENTINO Niccola (n. 3-IV-1755 a Pomarico, m. 12-XII-1799 a Napoli), figlio di Giuseppe e Giulia Sisti. Studiò nel seminario di Tricarico e quindi a Napoli. A 14 anni, ottenne la

---

[1] Giustiniani, tomo II, pp. 23-24.

cattedra di matematiche in Aquila, ma per la sua giovane età non gli fu affidato l'insegnamento e decretatogli un assegno andò allo studio in Bologna ove si laureò in legge. Nel 1775 fu nominato professore di matematica e filosofia razionale in Bari. Nel 1789 entrò negli uffici amministrativi e divenne successivamente governatore in vari paesi come Catanzaro, Cotrone Torre del Greco ecc. Aveva pubblicato molte opere che lo resero conosciutissimo. Fra queste sono da notarsi: Saggi sulle quantità infinitesime e sulle forse vive e morte; Dissertazione sopra alcuni punti di giurisprudenza criminale; Principii di giurisprudenza criminale; Istituzioni di pratica criminale; Riflessioni sul regno di Napoli in cui si tratta degli studi dei tribunali, delle arti, del commercio, dei tributi, dell'agricoltura, pastorizia e popolazione. Venuto il dominio francese esaltò la libertà anche con un Inno a San Gennaro, ma non partecipò ai movimenti rivoluzionari; purnondimeno, tornato il Borbone, venne carcerato e menato innanzi al Guidobaldi, il quale era suo amico, e gli disse: "Breve discorso fra noi, dì, che facesti nella repubblica?". "Nulla", rispose l'altro "mi governai con le leggi, e con la necessità, legge suprema". E poiché il primo replicava che i tribunali non gli accusati dovessero giudicare della colpa e della innocenza delle azioni, e mescolava nel discorso alle malconcette teoriche legali, ora le ingiurie, ora le proteste di amicizia antica, e sempre la giustizia, la fede, la bontà del Monarca, il prigioniero caldo di animo ed oratore spedito, perduta la pazienza, si scagliò contro tutte le ingiustizie ed i soprusi del Re e della sua corte... "L'impeto del discorso - aggiunge il Colletta - conseguì che finisse: e finito, fu l'oratore dato ai birri, che stringendo spietatamente le funi e i ceppi, tante piaghe lasciarono sul corpo quanti erano i nodi: ed egli tornato in carcere, narrando quei fatti ai prigionieri, soggiunse che ripeterebbe tra poco quei racconti ai compagni morti. Informato della sua condanna, non si mostrò sorpreso, ma onorato, salutò gli amici ed andò risoluto al patibolo".

Epigrafe in Montalbano dettata da Mariano d'Ayala.

Fiorentino educato a magnanimi sensi | in questa sua casa antica | con ingegno prematuro e forti studi | partito da Napoli e Bologna | maestro e rettore di gioventù | fu dei nuovi scrittori | su le quantità infinitesime | ma sacra a liti la sapienza

come la patria | legislatore del popolo | andò invitto al patibo-
lo | il dì 12-XII-1799 | di 44 anni 8 mesi 13 giorni | onore e
martire del secolo | Italiani della Lucania | superbite esser vo-
stro un precursore | della libertà d'Italia[2].

[2] M. Rosi, *Dizionario del Risorgimento. Dalle origini a Roma capitale. Fatti e persone*, Vallardi, Milano, 1933, vol. III, p. 95.

Capitolo Primo
Una biografia culturale

1. La formazione

Nicola Fiorentino nacque a Pomarico il 3 aprile 1755, alle ore otto, da Giuseppe e Giulia Sisto, di famiglia gentilizia e dalla dote considerevole al momento del matrimonio, nella casa appartenuta al dottor Donato Pasquale[1]. Suo padre, di una facoltosa famiglia montalbanese, oltre alla professione di medico, si occupava degli interessi familiari sia attraverso varie compravendite di terreni ed immobili, sia tramite il commercio dei prodotti delle proprietà agricole.

Ancora bambino[2], si trasferì con la famiglia a Montalbano, ove nacquero altri numerosi fratelli tra cui Gaetano, divenuto, in seguito, arciprete di Montalbano; Camillo, domenicano a Matera; Leonardo, morto giovinetto; tre sorelle poi monache, una a Tursi e due a Saponara; Antonio, dottore *in utroque iure*, che tenne scuola di diritto nel suo paese e che pubblicò, nel 1792, a Napoli, le *Istituzioni Criminali*[3].

Il giovane Nicola rimase nella cittadina ionica fino all'età di dieci anni[4], quando fu mandato a studiare nel seminario diocesano di Tricarico, istituito agli inizi del Seicento sulla base delle disposizioni tridentine e dove, in conformità con il piano di studi,

---

[1] R. Fossanova Castrignano, *Nicola Fiorentino. Un illuminista lucano nella temperie rivoluzionaria del 1799*, Altrimedia, Matera, 2001, p. 11.

[2] P. Rondinelli, *Montalbano Ionico ed i suoi Dintorni. Memorie Storiche e Topografiche*, rist. anast., Grafiche Cressati, Taranto, 1972, p. 180.

[3] A. Fiorentino, *Istituzioni Criminali ad uso de' Tribunali, e Corti della Città, e del Regno di Napoli,* Orsini, Napoli, 1792, 2 voll.

[4] M. D'Ayala, *Vite degli Italiani benemeriti della Libertà e della Patria uccisi dal carnefice*, F.lli Bocca, Torino-Roma-Firenze, 1883, p. 283.

avrebbe appreso i rudimenti delle lingue classiche, retorica, teologia e logica. Dopo neppure diciotto mesi in seminario, nel 1767 fu mandato a Napoli, "affin di perfezionarsi in quegli studi che elaborati avea nei rispettivi luoghi"[5], nelle scuole del Salvatore e fu allievo di Marcello Cecere, studioso di "Geometria Elementare" e di "Matematica sintetica"[6]. In questo campo, Fiorentino mostrò notevoli atttitudini, guidato, in seguito, dal nobile Girolamo Saladini, canonico bolognese, ritenuto un'autorità nel calcolo matematico e nelle dimostrazioni algebriche[7]. Il giovane lucano ebbe modo di usufruire del lavoro di Giacinto Dragonetti e di Antonio Genovesi, al quale sembrava paradossale che la Chiesa potesse insegnare dottrine contrarie allo Stato attraverso organi statali, quali erano le nuove scuole. La mediazione era stata tentata già attraverso la scelta del nome dell'istituto, Casa del Salvatore, che doveva dare un senso di continuità e nel contempo di innovazione, quest'ultima determinata soprattutto dalla decisione di dividere nettamente le cattedre appannaggio di ecclesiastici (catechismo, teologia morale, teologia dogmatica, storia sacra e profana, liturgia) da quelle attribuite a maestri laici (grammatica latina inferiore, grammatica latina superiore, grammatica greca, Euclide e dialettica, sfera, trigonometria e geografia, fisica sperimentale e astronomia, *De officiis* di Cicerone)[6]. Era stabilito che l'anno scolastico cominciasse il 5 novembre e terminasse il 28 settembre, che il corso di studi doveva durare otto anni con un orario giornaliero di quattro ore di lezione in due turni, uno antimeridiano e uno pomeridiano. Inoltre, si annetteva alla scuola un Convitto per i giovani nobili. I requisiti per essere ammessi erano "la nascita nobile, nonché sia certo che né il padre, né l'avo abbiano esercitata arte vile o meccanica, la povertà del soggetto, la quale s'intende

---

[5] *Ibidem.*

[6] *Prammatica IV. Regolamento prescritto da Sua maestà pel Real Convitto del Salvatore di Napoli e degli altri Reali Convitti del Regno*, in L. Giustiniani, *Nuova Collezione delle Prammatiche del Regno di Napoli*, Stamperia Simoniana, Napoli, 1805, tomo XIII, art. 1.

quando non possa avere di sua porzione una rendita annua di ducati 120, l'età di circa dieci anni"[7], dal che si deduce come Fiorentino fosse di famiglia cospicua.

Nel 1769, a soli quattordici anni, Fiorentino vinse il concorso per la cattedra di matematica nel Liceo dell'Aquila[8], ma non poté occuparla per la sua giovane età, non avendo, infatti, compiuti i quindici anni richiesti: tuttavia, come premio per l'ingegno dimostrato, al Fiorentino fu decretato un assegno e la frequenza al collegio Angarano di Bologna[9], dove si distinse a tal punto per il profitto che, dopo un anno, il Regio Visitatore Andrea Franchi, in una lettera del 16 settembre del 1773, scriveva al sovrano che "più colà Fiorentino a far non ci avea"[10]. Una volta addottoratosi negli studi giuridici a Bologna, comunque, Nicola Fiorentino decideva di tornare nel Regno.

2. Studioso e funzionario

Nel 1774, Fiorentino ottenne la cattedra di Filosofia razionale e matematica nella Scuola Regia di Bari, istituita nel 1770, nell'ambito del piano di riforma dell'istruzione, sostenuto dal Genovesi e accolto da Ferdinando IV[11]. Erano anni intensi, in cui il giovanissimo studioso leggeva e commentava proprio le opere del maestro Genovesi, come si desume dal fatto che, in difesa della *Diceosina*, aveva composto, pubblicandole a nome di suo fratello, l'arciprete Gaetano[12], tre *Lettere ad un suo amico sopra il saggio di D. Ermenegildo Personè sulla Diceosina dell'Abbate Genovesi* (composte nell'estate del 1778, ma pubblicate a Napoli, presso Gennaro Ver-

---

[7] *Ivi*, art. 14.

[8] G. Caserta, *Storia della letteratura lucana*, Osanna, Venosa, 1993, p. 188.

[9] Giustiniani, tomo II, p. 24.

[10] *Ibidem*.

[11] F. P. De Ceglia, *Scienziati di Puglia. Secoli V a.C.-XXI*, Adda, Bari, 2007, p. 374.

[12] Cfr. l'attribuzione già in *Illuministi Italiani*, vol. 46/5, *Riformatori napoletani*, a cura di F. Venturi, Milano- Ricciardi, Napoli, 1962, p. 36.

riento, 1780)[13]. Tra l'altro, la stima di cui godeva è evidente dal fatto che, come riferisce Lorenzo Giustiniani, ottenne la "piazza di Socio" nell'Accademia di Scienze e Belle Lettere.

Si trattava di un traguardo notevole, in quanto l'Accademia Napoletana di Scienze e Belle Lettere era la massima espressione del riformismo ferdinandeo: essa fu inaugurata nella sala antica che era appartenuta ai gesuiti, in pompa magna e alla presenza dei sovrani il 5 luglio del 1780; essa ricalcava l'indirizzo monarchico, gerarchico, prescrittivo e privilegiato parigino, con evidente accentuazione della dimensione cortigiana, ponendosi "nell'alveo sicuro della cosiddetta scolastica newtoniana, prendendo le distanze da scelte filosofiche con implicazioni radicali" nonché guardando ad "un modello di intellettuale saldamente legato ai valori religiosi"[14].

Gli *Statuti* accademici affermavano che "i Savi possono scuotere e dirozzare la ragione dell'Uomo, ma non sempre possono stabilire in una Nazione la fortuna delle scienze", sicché spettava alla politica e al "sovrano favore de' Regnanti" appoggiare "le diligenze, le opere, e le esplorazioni de' sudditi pensatori"[15]. "Ecco l'epoca più felice dei nostri stati, che prende il nome da FERDINANDO e da CAROLINA, e che promette la gloria scientifica e la felicità di questi regni"[16].

Pertanto il progresso scientifico e i derivanti vantaggi influssi nella vita civile venivano stabiliti dall'incontro della cultura con il potere: in effetti, la scelta dei soci dell'Accademia doveva essere

---

[13] Giustiniani, tomo II, p. 24. Cfr., per la polemica sulla *Diceosina* e le diverse posizioni, G. Imbruglia, *Una polemica a Napoli* sulla Diceosina *di Genovesi*, in *Il Settecento di Furio Diaz*, a cura di C. Mangio e M. Verga, University Press, Pisa, 2006, pp. 121-135.

[14] E. Chiosi, *Lo spirito del secolo. Politica e religione a Napoli nell'età dell'illuminismo*, Giannini, Napoli, 1992, pp. 107-126.

[15] Cfr. *Statuti della Reale Accademia delle Scienze e delle Belle lettere eretta in Napoli dalla Sovrana Munificenza*, nella Stamperia Reale, [Napoli], 1780, p. 8; E. Chiosi, *Lo spirito del secolo*, cit., p. 107.

[16] *ARa*, p. XXII.

approvata dai reali e competeva ad un Senato guidato dal Maggiordomo Maggiore Michele Imperiali, principe di Francavilla, che nello svolgimento della sua attività sommava potere politico, letterario ed economico. Quando Michele Imperiali venne a mancare, Ferdinando IV nominò come suo successore il principe di Belmonte Antonio Pignatelli[17].

Il sovrano, inoltre, nominò due segretari perpetui: Michele Sarconi "per le Scienze e pel Registro economico" ed Andrea Serrao "per le Belle Lettere", in più elesse ventiquattro Accademici Pensionari, ai quali associava un gran numero di intellettuali stranieri e nazionali, in quanto dotati di ingegno e volti a "coltivar le scienze e l'amena letteratura"[18].

Dal giugno 1779 al febbraio 1780 la Reale Accademia, con una serie di editti, venne dotata di un'importante sede quale la casa del Salvatore, di una stamperia, una cartiera e di una biblioteca reale. Il campo d'indagine privilegiato della Reale Accademia era costituito dal territorio nazionale, che veniva studiato in diverse discipline al fine di ottenere il maggior numero di conoscenze ed informazioni su cui costruire opportunamente le scelte del governo. La scelta operativa della cultura accademica dava importanza a temi inerenti allo sviluppo delle scienze e delle arti.

L'Accademia si basava principalmente su quattro sezioni, che si caratterizzavano per la prevalenza di questioni pratico-applicative legate alla realtà napoletana[19].

La prima classe delle "scienze matematiche pure miste", respingendo concetti astratti, si proponeva di coltivare "lo spirito filosofico delle scienze, per servire di mezzo all'ingrandimento delle arti e de' mestieri, e all'invenzione di quegli in strumenti, e di quelle macchine, che possano procurar utili e nuovi comodi

---

[17] *ARa,* p. XXII.

[18] Se ne legga il catalogo negli *Statuti della Reale Accademia approvati da S. M. e pubblicati l'anno 1779. Ibidem.*

[19] *ARa,* p. XXIII.

all'uomo nell'esercizio delle arti, e nell'uso della vita"[20]. Tale classe fu rappresentata da uomini come l'abate Felice Napoletano Sabatelli, professore di astronomia nell'Università degli studi ed accademico Pensionario, che propose agli studiosi della prima classe di esaminare la longitudine e la latitudine della Capitale del Regno, oltre a misurare, nell'arco di un anno, "l'alzamento ed abbassamento del mare tanto nel nostro Cratere quanto ne' i lidi del regno"[21]. Altro esponente della prima classe era Giammaria della Torre, che, in particolare, si interessò di equazioni, al fine di trarre formule chiare e generali, capaci di individuarne le radici, in modo da non aver più bisogno di ricorrere al metodo di approssimazione. Altri studiosi della prima classe erano Giuseppe Marzocco e Nicola Fergola.

La seconda classe, di fisica, era destinata ad esaminare la "storia naturale delle proprie Regioni per tutta la vasta scena de' tre Regni della Natura", per ottenere utili conoscenze. In tale classe rientrarono intellettuali quali l'abate Nicola Pacifico, Accademico Pensionario, studioso di matematica, astronomia, storia ed antiquaria[22]; o ancora Domenico Cotugno, medico e dietologo.

La terza e la quarta classe, destinate allo studio della storia, erano volte a ricostruire una sorta di 'storia civile' del Mezzogiorno al fine di meglio comprendere le "leggi politiche e i fondamenti de' presenti costumi". I Soci delle ultime due classi dedicarono particolare attenzione alle discipline storiche, anche se

> le principali mire dell'Accademia in tutti i suoi rami (*erano*) rivolte all'esecuzione di una storia patria compiuta e per ogni parte spoglia degli errori e delle inesattezze dei passati territori, tutti gli individui singolarmente della terza e quarta classe dediti a richiamare i più remoti tempi e quelli che diconsi mezzani,

---

[20] E. Chiosi, *Lo spirito del secolo*, cit., p. 116; *Statuti della Real Accademia*, cit., pp. 34 e 36.

[21] *ARa*, pp. XXIII-XIV.

[22] *ARa*, p. XXV.

si diedero a rintracciare e fuggire i più agevoli e i più opportuni mezzi per l'esecuzione di sì bel disegno[23].

Nel 1781, morto Gian Luigi Sagarriga Visconti, direttore del convitto di Bari e socio proprio dell'Accademia napoletana[24], in deroga alla legge che stabiliva che il Soprintendente agli studi della Scuola Regia di Bari non potesse avere meno di quarant'anni, il sovrano conferì l'incarico a Fiorentino per gli alti meriti scientifici conseguiti[25]. Il periodo della sovrintendenza del Fiorentino dovette essere breve, a causa di problemi di salute che le poche fonti biografiche coeve gli attribuiscono e che dovettero essere di una certa entità per costringerlo a lasciare l'ambita carica allo storiografo barese Emmanuele Mola.

Eppure, in questo periodo brevissimo, Nicola Fiorentino esercitò la carica istituzionale, ponendosi in contatto con gruppi dirigenti anche di notevole livello socio-economico, come le famiglie d'Avalos, marchesi di Pescara e del Vasto e signori feudali di Troia, in Capitanata, o ancora i Marulli, duchi di Ascoli Satriano, i cui rampolli studiarono nella Scuola proprio a partire da quel periodo. Non a caso ad un d'Avalos – conservatore e fedelissimo del sovrano - avrebbe dedicato la sua opera di più ampio respiro, quindi ponendosi nel solco del più rigido legittimismo ferdinandeo. Si tratto, comunque, di un periodo di notevole vigore intellettuale, nel quale il Soprintendente Fiorentino ebbe modo di esprimersi anche come matematico.

Tuttavia, come detto, ben presto per problemi di salute Fiorentino tornava a Napoli, dove si dedicò alla professione legale, ottenendo una "provvisione" dal sovrano e dedicandosi anche all'insegnamento privato della matematica e della filosofia. Della pratica forense del Nostro, che comunque non dovette essere

---

[23] *Ibidem.*

[24] F. Tateo, *Storia di Bari nell'antico regime*, Laterza, Roma-Bari, 1992, vol. 2, p. 65.

[25] Giustiniani, tomo II, p. 24.

troppo intensa, stanti anche le precarie condizioni di salute, resta solo una breve allegazione, *Fatto e ragioni per li gouernatori della gabella dell'uno gr. e mezzo per rotolo con il regio fisco e gouernatori d'A.G.P.*, non databile e su argomenti di diritto fiscale[26], nello specifico sulla gabella del "cascio e salsume", ossia sui formaggi e sul pesce. L'argomento, di notevole attualità, aveva spinto Francesco Mario Pagano a scrivere un *Ragionamento sulla libertà del commercio del pesce*, del 1789, sicché l'allegazione di Fiorentino potrebbe, in via ipotetica, risalire a questo tornio di tempo.

Non risultano, inoltre, sue attività neanche in seno all'Accademia, il che testimonierebbe una certa sua marginalizzazione da parte dell'*élite* culturale napoletana e che sembra evidenziato dal fatto che nelle *Riflessioni sul Regno di Napoli*, a proposito dei suoi 'colleghi', scriveva, non senza quel sarcasmo che lo contraddistingue:

> Si potrebbe stabilire un Tribunale o sia un'Accademia di scrittori simile a quella della China, in cui si dovrebbero scrivere le azioni le più generose ed utili alla Patria e divulgarsi dopo cent'anni che sono scritte, giacché la vanità accompagna aldilà della tomba specialmente i grandi[27].

In questi stessi anni, Fiorentino era, altresì, proprietario di una ben avviata attività commerciale di prodotti coloniali, come spezie e cacao di provenienza varia.

Nel 1789, fu nominato Governatore di Montauro e Gasperina in Calabria e, in seguito, di Catanzaro, mentre nel 1794, anno in cui pubblicò le *Riflessioni sul Regno di Napoli*[27], fu trasferito prima a Crotone, poi nel Salernitano; l'anno dopo fu a Postiglione, dove avrebbe impartito lezioni di diritto al giovane Pietro Colletta, del

---

[26] Ne resta un solo esemplare nella Biblioteca comunale "Eustachio Rogadeo" di Bitonto (Ba).

[27] *RRN*, p. 57.

quale fu ospite durante una malattia[28]. Fino al 1798, ancora, fu governatore di Torre del Greco, Resina e Portici, come prova un suo decreto inviato dal castello baronale di Torre del Greco al cassiere Francesco Riveccio[29]; del resto, l'impronta del funzionario onesto si evidenziava dal fatto che, oltre a svolgere puntualmente il proprio dovere, "si mostrò ossequioso della Monarchia borbonica e contrario alle invadenti nuove idee fino a difendere la pena di morte e le torture e a continuare a sciogliere elogi al Re"[30].

Qualche indicazione sulla sua attività amministrativa, Fiorentino la offre nelle stesse *Riflessioni*, quando, a proposito degli sgravi di competenze tra uffici secondari delle Udienze e Governatori, afferma:

> per la moltitudine delle incombenze, e per la gracilità della mia salute ho pregato la Giunta di Persano, e 'l degnissimo Caporuota de Giorgio a non commettermi più informi; e che non esigo né pure i diritti di Banca. Il godere una vera continua quiete da due anni nell'attuale mio governo, per l'onestà di esso Caporuota, e del Principe D. Vincenzo Pignatelli di Monteleone, dee far credere ad ognuno, che parlo con serenità di mente, e cognizione di causa[31].

3. Nella Rivoluzione

Alla vigilia della rivoluzione, benché aperto alle idee del riformismo illuminato gravitava intorno ai Borbone e, quando nel 1794, Pagano si scontrava con la Corte prendendo le difese dei congiurati De Deo, Galiani e Vitaliani, poi condannati a morte, Fiorentino collocava ancora il re fra gli odierni "savi principi di Euro-

---

[28] Cfr. A. Scirocco, *Colletta, Pietro,* in *Dizionario Biografico degli Italiani*, Istituto della Enciclopedia Italiana, Roma, 1982, vol. 27, p. 27.

[29] R. Fossanova Castrignano, *Nicola Fiorentino*, cit., pp. 13-14.

[30] P. Rondinelli, *Montalbano*, cit., p. 182.

[31] *RRN*, p. 15, nota in calce.

pa"[32]. Anzi, nel 1782, nei suoi *Principi di Giurisprudenza Criminale,* si era rivolto a Ferdinando IV in questi termini:

> e Voi o Sire, voi che siete l'idolo dei nostri cuori, voi che avete tenuti onesti e savi ministri, deh togliete francamente ogni ostacolo che si frappone alla perfezione del codice Carolino [...] Le benedizioni del cielo e dei popoli colmeranno l'augusta amabil nostra signora sovrana e tutta la real famiglia di quei beni che potrete desiderare[33].

In realtà, di 'conversione' al giacobinismo per Fiorentino, come per altri riformatori napoletani, è assolutamente improprio parlare. Anche per lui si potrebbe parlare di un progressivo passaggio dall'illusione di una reale compartecipazione alla delusione per la progressiva chiusura attuata dalla corte ferdinandea ad uno sconfortato silenzio ed all'ultimo tentativo di riforma durante la breve, ma significativa esperienza della Repubblica napoletana. Progetti di cultura e pratica politica diversi, spesso difformi, attraversarono questa parabola: da Eleonora Fonseca Pimentel a Francesco Mario Pagano, da Giuseppe Maria Galanti a Melchiorre Delfico, da Onofrio Tataranni proprio a Nicola Fiorentino.

La parabola biografica e culturale del lucano mostra, dunque, un'evoluzione simile a quella di numerosi altri intellettuali meridionali, passati dalla proposizione e partecipazione attiva del riformismo carolino alla delusione sempre più profonda nei confronti del regno ferdinandeo, fino alla denuncia ed all'adesione al progetto di cultura e pratica politica della Repubblica napoletana. Con la tragica disillusione del terremoto calabrese prima, della congiura del 1794 poi, coincise il silenzio dell'intellettuale lucano, che in quegli anni si limitò, come detto, a proseguire i suoi studi e a cercare di proseguire al meglio la sua carriera di onesto funzionario, sulle orme paterne. Del resto, come governatore in Cala-

---

[32] *RRN*, p. VI.

[33] N. Fiorentino, *Principi di Giurisprudenza Criminale*, Verriento, Napoli, 1782, p. 10.

bria, Fiorentino aveva sicuramente visto con i suoi occhi il disastro economico ed istituzionale-amministrativo dietro la catastrofe fisica e geologica.

La delusione, si può ipotizzare, lo spinse a tacere fino alla proclamazione della Repubblica, quando, forse convinto dell'importanza dell'istruzione del popolo e del 'nuovo cittadino', espresse pacate e solide considerazioni nel solco delle proprie convinzioni di cultura politica.

In effetti, se pure non abbiamo testimonianza di un suo coinvolgimento diretto nell'amministrazione, restano composizioni di spessore che denotano un'attenzione, tipica del Nostro, al problema educativo, in linea con quanto espresso nelle *Riflessioni*. Nell'opera maggiore, in effetti, aveva dedicato all'educazione ed all'istruzione poche, illuminanti, pagine, che giova qui riportare:

//1//
Studj, e Tribunali.

La smisurata grandezza della Capitale, che nasce dalla residenza del Principe, dalla delizia del sito, dalla mancanza de' Tribunali inappellabili nelle Provincie, e dall'abuso della superiorità di quelli, che sono nella Capitale, produce non pochi mali fisici, e morali; de' quali alcuni collo stabilimento delle Scuole nelle Provincie si sono diminuiti; ma ne restano ancora assai per questa sola cagione delle Scuole difettose nelle Provincie: chiamo in testimonio tanti padri, che o sono restati privi de' loro figli mandati in Napoli allo studio, o sono ritornati carichi di vizj: sicchè ad esempio di Venezia, di Olanda, d'Inghilterra, e di tante Nazioni, si dovrebbero almeno accrescere, e migliorare le Scuole nelle Provincie coll'aumento de' soldi, e col dare l'ascenso dalle scuole inferiori alle superiori, da queste a quelle di Bari, e Catanzaro, ove sono i Collegj, e da queste a quelle di //2// di Lecce, ove si dovrebbe dotare, e far fiorire la già stabilita Accademia, unendola alle scuole, ed aumentando sempre i soldi, e soprattutto far proporre, e dare i premj agl'inventori di utili scoperte, come fu l'idea de' nostri amabilissimi Sovrani per l'Accademia già stabilita in Napoli, e ben dotata. Tra le Cattedre la più necessaria dee stimarsi quel-

23

la di agricoltura, che è il sostegno della Nazione, e del di lei commercio: se in ogni piccolo paese dallo stesso Maestro, che insegna il leggere, e scrivere, non si volesse fare insegnare l'agricoltura, almeno uno dovrebbe girare per più piccoli paesi vicini, ed esser fisso in quelli di 10000 persone, che facilmente potrebbero mantenerlo, ed avrebbero maggior bisogno di aver la lezione continua. Crederei, che lo stabilimento per le scuole normali si dovesse almeno stendere a quest'altro per l'agricoltura. Chiari, e brevi precetti in un libro da doversi far accompagnare dalla pratica applicazione de' precetti, e dalla loro modificazione alle circostanze locali, potrebbero servir di norma.

Non sarà inutile avvertire le seguenti cose. L'uffizio de' Maestri è di coltivare l'intelletto, la memoria, il cuore, il costume, anzi più questi due ultimi. Debbono colle ragioni, e cogli esempj loro, e presi dalla Storia, mostrare, che gli uomini non possono menare felice la vita socievole, se non sieno giusti, ed umani.

La principal massima da imprimere col detto e col fatto ne' ragazzi, è che la fatiga è doverosa, utile, e necessaria al ben dell'anima, e del corpo, e al viver più agiato; la seconda, *nihil fit //3// fit tam in Republica literaria, quam civili sine improbo labore*. Si sa, che bisogna per tempo avvezzar gli uomini alla durezza, sobrietà, ubbidienza, pazienza, vigilanza, fatica metodica, e periodica: ma tra gli educatori non vi debb'essere nessuno, che speri più dalla poltroneria, e dissolutezza degli allievi, che dal travaglio. E qui non si può far di meno di ricordarsi del Marchese Tanucci.

Si dice doversi abolire tutte le istruzioni pubbliche; perché i Maestri avendo i soldi fissi, poca, o nessuna attenzione ordinariamente vi mettono; quando che dovrebbero contentarsi de' soldi mensuali de' discepoli, ve ne metterebbero quanto possono; ed in fatti le scuole pubbliche in Napoli, spezialmente degli Elementi delle Scienze, sono frequentate piuttosto da' poveri; e se nelle provincie anche la gente comoda vi va, nasce o dalla mancanza di simili soggetti, o dal doversi i Maestri mettere attenzione a fare la scuola, se non vogliono vedersi totalmente privi di discepoli. Ma come è di bene accrescer l'emulazione de' Maestri, e non si possono da un solo saper molte scienze a perfezione, e non convenendo studiarne una sola per semestre; così debolmente a me sembra potersi prendere la via di mezzo: si potrebbero dare le Cattedre di scienze utili per concorso, assegnandovi un tenuissimo soldo, e farsi leggere ne' luoghi pubblici; ma che gli studenti pagassero quel, che potrebbero col Maestro convenire; o accrescersi i loro soldi a proporzione del numero, e del profitto degli Scolari, e delle utili, e nuove produzioni letterarie. L'uso di passare da una lezione ad //4// ad un'altra è pernicioso; imperocché chi insegna sempre la stessa scienza vi si rende più perfetto; onde o le Cattedre dovrebbero essere di soldi eguali, o accrescersi i soldi a chi per molti anni ha ben disimpegnata la sua. Per avere il profitto de' giovani nelle scienze senza tante spese di Seminarj, e di Convitti, corruttori della loro innocenza, basterebbero piccole ricompense, e segni di onore a chi vi si distingue; e non ammetterli al matrimonio, agl'impieghi, ed agli esercizj delle arti, o scienze, senza un esame su di certi elementi particolarmente destinati[34].

Nicola Fiorentino, dunque, sposò pienamente l'esigenza di "istruire nelle verità repubblicane" le masse attraverso esempi icastici e, a livello *visuale*, presenti nel patrimonio "genetico" dei napoletani. Il tutto senza eccessi retorici, troppo lontani dall'esigenza di concretezza e ampio raggio della cultura repubblicana. Tuttavia, peculiarità del Fiorentino risulta quello che potrebbe essere definito un uso analogico dell'antico, che lo avvicina, in questo, all'ala radicalizzante del giacobinismo napoletano, esemplificata dalla Fonseca Pimentel che, ad esempio, inseriva nel corpo del testo del "Monitore" non citazioni dirette, ma allusioni. La citazione diretta degli autori classici, infatti, richiedeva un pubblico di cultura medio-alta, in grado di comprendere il riferimento, laddove il meccanismo allusivo, invece, poteva essere inteso anche da un pubblico di cultura medio-bassa, in quanto cercava di *spiegare* il termine di paragone.

Fiorentino, che aveva proprio tra i suoi intenti lo scopo educativo, atto a creare un'opinione pubblica, entrò nel vivo di un uso analogico come quello del "Monitore", di certo molto incisivo

---

[34] *RRN*, pp. 1-4.

nella ricerca di partecipazione[35]: la sua intenzione, infatti, era stata quella di adeguare la comunicazione alla mentalità ed alla lingua popolare, mantenendo, nel contempo, una certa elevatezza di stile e temi. Il pomaricano, dunque, sfruttò, con mezzi certamente minori rispetto al classico trattato, una consolidata cultura classica ed una profonda capacità di riflessione sul passato e su un'opinione pubblica di là da venire e da formare per inserirsi nel dibattito politico-gestionale del periodo.

La caduta della Repubblica e il successivo tradimento delle capitolazioni stroncarono, com'è noto, quest'onda di attività e progetti. Quando, infatti, il 9 luglio, il re giunse da Palermo, cominciarono i processi e le condanne: salirono sul patibolo, tra gli altri, i lucani Nicola Carlomagno, Michele Granata, Cristoforo Grossi, Felice Mastrangelo, Francesco Mario Pagano, Nicola Palomba e, appunto, Fiorentino[36].

Le prigioni che lo accolsero, insieme agli altri, erano piene di insetti; stette, come gli altri reclusi, due giorni senza cibo ed acqua, senza potersi sedere, mancando l'aria e mentre i feriti morivano senza soccorsi. Emblema delle coraggiose ma, pur sempre, caute e moderate difesa e lotta per la libertà è il contenzioso - non si sa quanto inventato nella costruzione dell'immagine di un maestro 'martire' -, riportato dall'allievo Colletta, tra Fiorentino e il suo antico amico giudice, l'abruzzese Giuseppe Guidobaldi:

> Continuavano i giudizi. Il giudice Guidobaldi, tenendo ad esame il suo amico Niccolò Fiorentino, uomo dotto in matematica, in giurisprudenza e in altre scienze, caldo ma cauto seguace di libertà, schivo di pubblici uffici, gli disse: "Breve discorso tra

---

[35] Di rapporto analogico parla A. Lerra, *L'antico nella cultura politica rivoluzionaria: il "Monitore Napoletano" del 1799*, in *Uso e reinvenzione dell'antico nella politica di età moderna (secoli xvi-xix)*, a cura di F. Benigno e N. Bazzano, Manduria-Bari-Roma, Lacaita, 2006, p. 307.

[36] Id., *All'alba della nuova Italia della nuova Italia. La Basilicata napoleonica*, EditriceErmes, Potenza, 2012, p. 124.

noi, che facesti nella repubblica?". Rispose: "Mi governai con le leggi e con la necessità, legge suprema".

E Guidobaldi replicava: "I tribunali non gli accusati debbono giudicare delle colpe o della innocenza delle azioni".

A queste affermazioni ora aggiungeva minacce ed ora richiami all'antica amicizia facendo intravedere grazia e misericordia dal magnanimo tiranno.

Ma Fiorentino, ormai infiammato ed ottimo oratore, perduta la pazienza disse: "Il re, non già noi, mosse guerra ai Francesi; il re ed il suo Mack furono cagione della disfatta; il re fuggì, lasciando il regno povero e scompigliato: per lui venne conquistatore il nemico, e impose ai popoli vinti le sue volontà. Noi le ubbidimmo, come i padri ubbidirono alla volontà del re Carlo Borbone; ché la obbedienza dei vinti è legittima perché necessaria. Ed ora voi ministro di quel re, parlate a noi di leggi, di giustizia, di fede!

Quali leggi? quelle emanate dopo le azioni! quale giustizia? Il processo segreto, la nessuna difesa, le sentenze arbitrarie! E qual fede? La mancata nelle capitolazioni dei castelli! Vergognate di profanare i nomi sacri della civiltà al servizio più infame della tirannide. Dite che i principi vogliono sangue, e che voi di sangue li saziate: non vi date il fastidio dei processi e delle condanne: leggete sulle liste i nomi dei proscritti e uccideteli: vendetta più celere e più conforme alla dignità della tirannide.

E infine poiché amicizia mi protestate vi esorto ad abbandonare il presente ufficio di carnefice, non di giudice; ed a riflettere che se giustizia universale, che pur circola sulla terra, non punisce in vita i delitti vostri, voi, nome aborrito, svergognerete i figli, e sarà per i secoli avvenire la memoria vostra maledetta"[37].

Tale discorso - sicuramente abbellito dal Colletta al fine di 'socratizzare' Fiorentino, così come Pagano era stato da Lomonaco, suo allievo, paragonato ad Epitteto - rientra pienamente in quelle che erano le argomentazioni ed i perni concettuali del suo pensiero di giurista ed educatore. Infatti ritornano alcuni concetti tipicamente fiorentiniani, come si vedrà, quali l'alta statura morale

---

[37] P. Colletta, *Storia del Reame di Napoli dal 1734 al 1825,* presso Baudry Librajo, Parigi, 1835, pp. 273-274.

che devono possedere i giudici, che non possono, né devono essere semplici esecutori o strumenti, ma devono diventare, in un certo qual modo, educatori attraverso il rigore; ancora, l'ex avvocato faceva riferimento alle leggi che devono essere più preventive che *post eventum* e alla pubblicità del processo, nonché al diritto alla difesa e all'appello. Tutte argomentazioni che Colletta deve aver sentito, se non riferite al discorso di Fiorentino a Guidobaldi, durante le lezioni impartitegli nel 1795 e sicuramente basate non tanto sulle *Riflessioni*, quanto sui *Principj di giurisprudenza criminale*, pienamente riecheggiati in questa arringa finale del pomaricano.

L'ormai ex amministratore ed educatore fu, dunque, ricondotto in carcere e sottoposto a torture che, tuttavia, non lo scoraggiarono: anzi, continuava a dire ai suoi molti compagni di prigionia, con la pacatezza che lo contraddistingueva e che traspare nella sua argomentazione, che, di lì a poco, avrebbe ripetuto le stesse cose che aveva detto a Guidobaldi ai compagni uccisi dal carnefice. Il 12 dicembre, salutati gli amici, senza rendere penosa la separazione, con risolutezza e raccoglimento Nicola Fiorentino procedette verso il patibolo, dove fu impiccato alle 19.00. Fu sepolto nella Chiesa del Carmine maggiore, insieme a Michele Granata, Carlo Romeo, Leopoldo De Renzis[38].

Fiorentino, in una parabola culturale parallela a quella del più anziano Mario Pagano e, fatte salve le debite differenze di orientamento politico, del cugino Francesco Lomonaco, aveva tentato di superare i limiti della cultura provinciale, rappresentando un significativo apporto di quella che è stata definita la "Nuova Scienza" al progetto di cultura e pratica politica delle classi protagoniste, per la prima volta, della gestione della cosa pubblica. Tali

---

[38] M. Torino-A. Orefice, *Ricerca storico-scientifica intorno all'ipotesi della presenza dei resti di alcuni martiri della Repubblica Napoletana del 1799 nella chiesa del Carmine Maggiore in Napoli*, in "Annali dell'Università degli Studi Suor Orsola Benincasa – Napoli", vol. I, 2009, p. 169.

caratteri furono ampiamente riconosciuti nelle epigrafi dedicate al matematico e pensatore lucano dai montalbanesi:

NICCOLÒ FIORENTINO / INGEGNO PROFONDO ANIMA ITALIANA / SEPPE MIRABILMENTE ACCOPPIARE / LA SCIENZA A L'ARTE L'AMOR DI PATRIA ALLE LETTERE / MARTIRE INVITTO SALI IL PATIBOLO / COI NOMI GLORIOSI DI PATRIA LIBERTÀ / AI LUCANI AGLI ITALIANI / DIEDE ESEMPIO DI GRANDEZZA IMPERITURA / PRECORRENDO I TEMPI / GLORIFICANDO QUESTA SUA TERRA NATIA.

e dalla nativa Pomarico:

POMARICO REVERENTE SI INCHINA A TANTA GLORIA / DEPONENDO AI PIEDI DELL'IMMORTALE CITTADINO / LA CORONA DEL MARTIRE / SETTEMBRE 1903.

Capitolo Secondo
Lo scienziato, il giurista, l'educatore

1. Matematico, 'filosofo' e avvocato

Frutto degli studi e delle frequentazioni del breve periodo barese, interrotto, come si è detto, per motivi di salute, risale la prima
opera di Fiorentino, nella quale emerge quell'intreccio tra *vis* polemica e rigore argomentativo che sarà una cifra costante del Fiorentino maturo. Il *Saggio sulle Quantità Infinitesime e sulle Forze Vive e
Morte* dall'ancor giovane Soprintendente, che dedicava l'"operic-
ciuola" al marchese della Sambuca, Giuseppe Beccadelli, che aveva sicuramente conosciuto nei suoi anni bolognesi, spinto dal dimostrare il suo "ardente amore" per le lettere e le scienze[1].

In tre brevi capitoli (di complessive 116 pagine), nel *Saggio* Fiorentino trattava del calcolo infinitesimale, delle cosiddette "forze
vive" e della gravità, ispirandosi alla ormai classica trattazione
leibniziana e cercando, nelle polemiche scatenate in quel tornio di
tempo, di "conciliarle, e fare un passo verso la totale soluzione di
questo nodo"[2]. L'opera si distingue, comunque, per la messa a
frutto delle esperienze napoletane: del resto, gli anni in cui Fiorentino si era trovato a Napoli come studente erano stati segnati
da una grande esplosione del pensiero scientifico facente capo alle scuole del Saladini e del lucano Vito Caravelli, che produssero,
oltre a Fiorentino, personaggi come il coetaneo Nicola Fergola[3].

---

[1] N. Fiorentino, *Saggio sulle Quantità Infinitesime e sulle Forze Vive e Morte*, s.l.,
s.e., s.d., p. 4. Di questo saggio si occupò ampiamente G. Vivanti, *Il concetto d'infinitesimo e la sua applicazione alla matematica. Saggio storico*, G. Mondovi, Mantova,
1894, che resta l'unico, a tutt'oggi, ad averlo analizzato.

[2] *Ivi*, p. 86.

[3] P. Napoli Signorelli, *Vicende della coltura nelle Due Sicilie*, s.e., in Napoli, 1811,
tomo VII, p. 49. Sull'ambiente, cfr. L. Pepe, *Istituti nazionali, accademie e società*

In effetti, il saggio fiorentiniano prendeva proprio posizione nella polemica tra alcuni accademici napoletani a proposito della balistica galileiana, nella quale erano intervenuti anche d'Alembert e Lagrange, chiamati in causa come se nel Regno

> non si sapesse intendere il Galilei. [...] Ciò dunque rincrescendo al Fiorentino volle coll'indicato opuscolo dimostrare che quì si capisce come altrove la dottrina del Galilei, e ne manifestò l'avviso adducendone i passi e rilevò ciò che parve esservi di mal fondato nelle proposizioni del p. Cavallo[4],

da cui la polemica era partita.

L'infinitesimo di cui parlava Fiorentino era, per utilizzare una definizione del già citato Saladini, suo maestro - e da lui tenuta presente ad inizio della trattazione[5] - "la quantità minore di qualunque data, la quale veniva dagli Antichi chiamata in ajuto, quando volevano paragonare le figure rettilinee colle curvilinee"[6].

Si trattava, in effetti, di un concetto matematico (applicato alla fisica galileiana) inventato da Leibniz (anche se già postulato, con il nome di "indivisibile", da Torricelli e Cavalieri) per formulare il suo calcolo infinitesimale, anche se nel formalismo leibniziano ne erano solo state elencate le proprietà in modo implicito. In effetti, per Leibniz, gli infinitesimi sono numeri più piccoli di qualunque altro numero, pur diversi da zero, per i quali potevano essere applicate le usuali regole dell'algebra.

Tali quantità infinitesimali erano pienamente coerenti con la filosofia leibniziana delle monadi, mentre Newton ne aveva negato

---

scientifiche nell'Europa di Napoleone, Olschki, Firenze, 2005, p. 107 e, sempre al riguardo, le note di G. D'Antuono, *Dalla scienza alla rivoluzione: gli illuministi napoletani e l'Europa. Nicola Fiorentino (1755-1799)*, in *Nel nome di Lazzaro. Saggi di storia della scienza e delle istituzioni scientifiche tra il xvii e il xviii secolo*, Pendragon, Bologna, 2014, pp. 109-134.

[4] N. Fiorentino, *Saggio sulle Quantità Infinitesime*, cit., p. 49-50.

[5] *Ivi*, p. 29.

[6] G. Saladini, *Compendio d'Analisi*, s.e., in Bologna, MDCCXCV, tomo Secondo, libro Primo, p. 3.

la consistenza matematica, a meno di non pensarle come limiti ultimi ideali verso cui tendono grandezze che diminuiscono indefinitamente. A livello fisico, come ampiamente argomentava Fiorentino, data una particella in un tempo *dt* piccolo rispetto ai tempi caratteristici, la cui posizione varia di *ds*, la velocità viene definita come il rapporto tra gli infinitesimi *ds* e *dt*.

Di questo periodo sono, inoltre, le già citate *Lettere ad un suo amico sopra il saggio di D. Ermenegildo Personè sulla Diceosina dell'Abbate Genovesi* (1780) ed i *Principj di giurisprudenza criminale*, pubblicati dallo stampatore Gennaro Verriento nel 1782.

Fiorentino, paradigma dell'intellettuale riformatore, nutrito di dibattiti, proposte, nuove istanze pedagogico-educative, derivanti dalla componente riformatrice, non poteva trascurare la allora rovente questione dell'educazione il cui scopo era, come avrebbe proprio sottolineato nei *Principi di giurisprudenza criminale*, quello di "formare uomini virtuosi e non di farli crescere silvestri e feroci"[7]. Molto probabilmente, egli aveva ancora ben a mente l'esortazione di Genovesi, negli *Elementi dell'arte logico-critica*, pubblicati in latino nel 1745, a guardare ai pensatori d'oltralpe e, in senso più ampio, alla cultura e alla realtà internazionale, se invitava ad avere come modello, al fine di effettuare una svolta nell'apparato educativo, Venezia, l'Olanda, l'Inghilterra ed altre nazioni, esempio di maggiori investimenti, da parte dei governi, tesi a migliorare le scuole nelle province.

Proprio alla fine degli anni Settanta, intanto, il leccese Ermenegildo Personé[8] aveva pubblicato il *Saggio sulla Diceosina dell'Abate Genovesi diviso in tre lettere* (Napoli, presso i Raimondi, 1777). L'operetta, di circa 170 pagine, nasceva dalla penna di uno studioso di diritto, che già nel 1765 aveva polemizzato niente di meno

---

[7] N. Fiorentino, *Principi di Giurisprudenza Criminale*, Verriento, Napoli, 1782, p. 29.

[8] Sul quale si veda il giudizio, non completamente lusinghiero, di Giustiniani, tomo III, pp. 48-49.

che con Montesquieu e il suo *Esprit des Lois*, peraltro venendo tacciato di "critica assai dozzinale"[9]; tra l'altro, il polemista salentino già l'anno prima aveva dedicato un articolo a Genovesi nel suo *Supplimento* al *Dizionario istorico* di Louis Moreri[10].

Il dibattito su Genovesi indicava un riaccendersi del dibattito sull'Illuminismo, dal quale Fiorentino, come genovesiano, sia pure *sui generis*, e soprattutto come polemista ed esperto di diritto, non poteva esimersi. Nel 1780, infatti, per i tipi di Gennaro Verriento, viene pubblicata un'opera dal titolo *Lettere di Gaetano Fiorentino ad un suo amico sopra il saggio di D. Ermenegildo Personé sulla Diceosina dell'Abbate Genovesi*. Il titolo rimanda, come autore, all'arciprete Gaetano Fiorentino, fratello di Nicola: in realtà, già la testimonianza esterna di Lorenzo Giustiniani[11] suggerisce discretamente l'attribuzione dell'opera a Nicola, più che a Gaetano, indicando la collaborazione del primo nelle lettere del secondo («ha contribuito similmente del suo»). Si trattava sicuramente di cosa nota negli ambienti eruditi e dovuta alla giovane età di Fiorentino.

Ulteriore indizio esterno all'attribuzione delle *Lettere* al nostro dovrebbe essere il fatto che tra i revisori per l'*imprimatur* dell'operetta figuri quel Marcello Cecere[12] che era stato, appunto, maestro di Nicola e che, come matematico, aveva avuto un peso non indifferente sulla formazione del giovane lucano. Lo stesso revisore indica chiaramente, tra le righe, l'attribuzione:

> Queste brighe sogliono accendere la gioventù, quante volte si contengono ne' limiti dell'onesto, a dare al pubblico delle belle produzioni[13].

Tra l'altro, non dovettero essere estranei alla composizione dell'opera, come nel caso del *Saggio sulle Quantità Infinitesime*, proprio

---

[9] G. Lami, *Notizia*, in "Novelle Letterarie", XXIII, 1762, coll. 135-136.

[10] F. Venturi, *Introduzione*, in *Illuministi Italiani*, cit., p. 36.

[11] Giustiniani, tomo II, p. 24.

[12] *LGF*, p. non numerata (ma terza dopo il frontespizio).

[13] *Ibidem*.

motivi di acredine personale: se nel saggio matematico Fiorentino era intervenuto a polemizzare contro l'esterofilia dei matematici napoletani, si potrebbe presumere che ora intervenisse a difendere Genovesi contro un socio di quell'Accademia di Scienze e Belle Lettere nella quale aveva ottenuto, comunque, la piazza. Ragioni, appunto, di condivisione di un ruolo accademico lo avrebbero spinto a far pubblicare il trattato polemico con il nome del fratello sacerdote. Infine, ulteriore indizio dell'attribuzione a Nicola sarebbe il fatto che, nell'*errata corrige* premessa all'opera, l'autore fa riferimento all'intimo amico Rocco Caradonna come "responsabile" della lettura del *Saggio* di Personé, avendolo, appunto, prestato all'autore[14]. Ora, Caradonna, barese con interessi geografici[15] e politici, doveva essere un "intimo amico" del giovane Nicola proprio dal periodo barese.

L'opera, composta a Bari nel 1778 nell'arco di cinque settimane[16], viene suddivisa in tre "lettere", proprio seguendo quel *modus operandi* che lo stesso Personé aveva avuto nel suo *Saggio sulla Diceosina*; le tre lettere sono dedicate ad Antonino Guardati, nobile del Seggio di Porto di Sorrento[17], zona che Fiorentino doveva ben conoscere - tra l'altro, proprio sulla costiera sarebbe diventato, di lì a qualche anno, amministratore.

Già all'inizio dell'opera, Fiorentino cerca di attenersi al suo compito, ossia quello di difendere il Genovesi, ormai defunto da quindici anni circa, da quelle che sono le considerazioni, tutt'altro che rispettose, fatte dal Personé: l'autore afferma, quindi, di voler utilizzare un tono più rilassato e discorsivo, senza però risparmiare critiche all'autore del *Saggio sulla Diceosina*. La prima lettera co-

---

[14] *LGF*, p. XV.

[15] Risulta tra gli abbonati per ricevere, nel 1781, la *Geografia di Busching corretta e riformata da M. Berenger*, in Napoli, presso la Società Letteraria e Tipografica, 1781, voll. I-IX.

[16] *LGF*, *Lettera terza*, p. 149. Altro indizio che riconduce esplicitamente a Nicola.

[17] *LGF*, *Lettera prima*, *Premessa*.

mincia, a tal proposito, con un paragone tra Personé e quel fami-
gerato Erostrato autore dell'incendio del tempio di Artemide a
Efeso: se al greco l'impresa di far passare il proprio nome alla
storia dando alle fiamme il tempio di Artemide, una delle sette
meraviglie antiche, riuscì, al patrizio leccese "non riuscirà certamente [...] portare a fine il mal concepito disegno"[18], quello di
"rendersi famoso col porre in discredito gli Uomini i più grandi".
Al di là di una certa acredine, il parodico paragone mitologico,
tipico di Fiorentino e della sua cultura classica, stravolge il gusto
arcadico di tanta letteratura dell'epoca, presentando in luce negativa Personé, come polemista senza costrutto, con un modus
scribendi tipico di Nicola e ritrovabile, ad esempio, nel *Saggio sulle
Quantità Infinitesime*.

La vera e propria discussione si apre quando si riporta come
Personé contesti a Genovesi il fatto ch'egli abbia fatto un uso, a
suo modo di vedere, sovrabbondante dei termini matematici,
geometrici ed algebrici, indotto a far ciò, dal fatto che egli, durante la composizione della *Diceosina*, avesse letto *Dei delitti e delle Pene*
di Cesare Beccaria. Questo "continuo mescolamento di termi-
ni"[19], presente anche in Beccaria, sarebbe, a detta del patrizio leccese, noioso e renderebbe l'opera di difficile comprensione. La
risposta di Fiorentino fa leva sul fatto che Personé avesse, qualche anno prima, pubblicato, come detto, delle *Riflessioni sullo spirito delle Leggi*: l'opera di Montesquieu, afferma Fiorentino, è colma
di simboli e di una fraseologia simili a quelli presenti nella *Diceosina* e, quindi, Personé non avrebbe potuto non comprenderli.

Il pomaricano continua l'argomentazione rispondendo a due
critiche mosse da Personé: l'aver trattato argomenti con modi e
teorie avulsi dai modi di scrivere degli antichi, e aver presupposto
lettori esperti, o quantomeno atti, negli studi matematici. Per
quanto concerne la prima puntualizzazione, Fiorentino pone un

---

[18] *Ivi*, p. 1.
[19] *LGF*, p. 2.

esempio, tanto semplice quanto efficace: chiamando in causa gli antichi matematici come Archimede e Euclide, dimostra che questi non si occupavano di matematica con i numeri arabi, importati attorno al decimo secolo, ma con lettere: se, quindi, gli antichi non usavano i numeri, si sarebbe dovuto continuare ad esporre la matematica per mezzo delle lettere? In secondo luogo, Fiorentino fa notare che l'uso dei segni algebrici e matematici è cosa ben nota agli studenti, ed inoltre questi "si possono apprendere in un'ora da chi non ha il capo guasto"[20].

Proprio a questo punto (§ 13), si intuisce come queste lettere non siano state scritte da Gaetano Fiorentino, ma dal fratello Nicola: l'autore condanna Personé per aver espresso un parere negativo sull'agricoltura, e per aver detto che costituire un ordine professionale di agricoltori sarebbe impossibile, oltre che inutile. Fiorentino, che nelle *Riflessioni sul Regno di Napoli* avrebbe difeso l'agricoltura ergendola a strumento per la salvaguardia dell'economia regnicola, non esita a prendere le difese di quella che definisce una nobile arte; per il pomaricano "l'Agricoltura è il sostegno d' ogni Nazione, e quanto più si coltiva, e quanti più agricoltori vi sono, più la nazione sarà felice"[21] e mediante esempi pratici spiega che questa è tutt'altro che una pratica inutile, anzi, chiamando in causa la Cina – con un esempio pratico che tornerà nelle *Riflessioni* e che è tipico di molto genovesismo dell'epoca –, spiega che essa è sì immensa, ma non c'è lembo di terra che non sia coltivato. Per quanto concerne la seconda critica, ossia l'impossibilità, ed inutilità, di creare un ordine professionale degli agricoltori, Fiorentino spiega come, mediante la fondazione di quest'ultimo, si potrebbero coltivare più terre, con strumenti e tecniche all'avanguardia.

A tal proposito, si innesta un vero e proprio caposaldo del pensiero fiorentiniano, che proseguirà, lungo le *Riflessioni*, fino al proclama *A' giovani cittadini studiosi*: la condanna del lusso. Secondo

---

[20] *LGF*, p. 5.
[21] *LGF*, p. 17.

Personé, Genovesi criticava il lusso soprattutto ecclesiastico, in quanto "inimicissimo" di preti e dei frati, al che Fiorentino ribatte, che se di inimicizia si deve parlare, l'abate era nemico del lusso ostentato da alcuni di essi. In realtà, anche Personé stesso appare fortemente critico, quasi sulle stesse posizioni del Genovesi tanto criticato, come fa rilevare il pomaricano: l'autore del *Saggio sulla Diceosina*, infatti, muove accuse, alquanto pesanti, contro gli ecclesiastici, evidenziando che il loro numero è sì grande, ma pochissimi sono quelli che assolvono ai compiti della *cura animarum*[22].

Ultimi due argomenti di discussione, divisi in altrettanti paragrafi, sono il pensar male degli altri che, secondo Personé, sfocia nell'invidia, e se un colpevole debba confessare il proprio delitto o tacere e dire falsità al giudice. Per quanto riguarda il primo punto, Fiorentino spiega, molto chiaramente, che non c'è bisogno di invidiare qualcuno per avere pensieri negativi nei confronti di quest'ultimo, e dichiara che si potrebbe tacciare lo stesso Personé di malafede, ma sarebbe un pensar male senza motivi e, dato che quest'ultimo aveva ammesso di non aver compreso appieno il passo di Genovesi da lui analizzato, sarebbe forse oggetto di invidia? "Oh che non è oggetto di invidia, ma di compassione!"[23]. Il secondo argomento della discussione, che verte su questioni di carattere "morale", riprende un tema trattato dal Genovesi, se un colpevole d'omicidio debba mentire dinanzi al giudice o ammettere il tutto: Genovesi dichiara che un colpevole d'omicidio perde ogni diritto alla vita, dunque, deve confessare, mentre Personé si dice d'accordo, poi pone un esempio:

> Tizio ammazza a sangue freddo, ed a torto un uomo; ecco issofatto ha perduto ogni dritto alla vita. Ha egli un figlio: or io dimando, è lecito a questo suo figlio di accusar il padre, o di far contro di quello una testimonianza? Nell'ipotesi dell'A.G. io dico di sì; poi-

---

²² *LGF*, p. 20.
²³ *LGF*, p. 24.

ché questo figliuolo non offende i diritti del padre, avendo costui
perduto ogni diritto alla sua vita[24].

Fiorentino risponde affermando che Personé, oltre a non aver
studiato la logica - altrimenti avrebbe dovuto sapere che gli esempi "provano" se totalmente simili all'argomento -, è sprovvisto di
quella naturale, perché non è lecito che un figlio accusi un padre;
inoltre farebbe maggior male un figlio accusando un padre, perché così darebbe un esempio di ingratitudine e scelleratezza, mentre, se un padre ha operato per rendere infelice la vita del figlio,
ha provato a commettere un grave reato, sempre nei confronti del
figlio, ed infine ha commesso un atroce delitto, attentando alla felicità di molti, allora il figlio, sapendo dell'omicidio commesso dal
padre, dovrebbe non solo fare una testimonianza, ma anche accusarlo. Infine, in una sorta di appendice a quest'argomentazione,
Fiorentino riprende Montesquieu, che affermava di essere contrario alla pena di morte, data in Giappone, contro le menzogne dette davanti ai magistrati: Personé, riprendendo questa citazione fatta da Genovesi, criticava l'autore francese per un'argomentazione
capziosa e incompleta, affermando che sonnecchiava "quel Montesquieu che nelle cose favorevoli è il gran Montesquieu, e che
nelle cose a lui contrarie non serve"[25]. L'illuminista lucano ribadisce, per l'ennesima volta, che Personé non ha ben compreso il
senso dell'affermazione del filosofo francese, che polemizzava
contro ogni tipo di pena di morte, citando un esempio specifico
di una condanna data davanti a un giudice.

Nella seconda lettera, si parte, ancora una volta, da una pretesa
"pecca" della *Diceosina*, nella quale si afferma che la regola degli
acquisti è pari a

$$a+b+c+d=X$$

---

[24] E. Personé, *Saggio di Ermenegildo Personé sulla Diceosina dell'Abate Genovesi diviso in tre lettere*, Raimondi, Napoli, 1778, pp. 43-44.

[25] *LGF*, p. 30.

e che il quadrato di questa regola sia

$$aa+bb+ dd + cc = XX.$$

Dopo aver dissertato sulla regola, Fiorentino "ringrazia" il fatto che Personé avesse poca o nessuna conoscenza dell'algebra, in quanto, in caso contrario, avrebbe avuto da ridire in merito alla formula precedentemente descritta:

> Il fare il secondo membro dell'equazione X sia mal fatto, poiché questo è segno di moltiplicazione diversissimo dal x, che disegna la grandezza ignota; avrebbe poi detto, che dalla prima equazione, si ricava esser falsa la seconda, poiché quadrando un membro x, facendolo xx, dovea quadrar l'altro membro a+b+c+d, il dicui quadrato non è aa+bb+cc+dd, che sono i semplici quadrati delle parti, ma bensì
> aa+2ab+bb+cc+2cd+dd+2ac+2ad+2bc+2bd,
> cioè i quadrati delle parti ed il doppio rettangolo di ciascuna parte delle rimanenti[26]

Fiorentino, dunque, se corregge in questa formula il maestro Genovesi, non perde l'occasione per far notare quanto Personé fosse, di fatto, in una posizione di ignoranza tale da non consentire una critica seria alla formulazione genovesiana.

Riprendendo, in forma cursoria – tipica dello stile epistolare – l'attacco a Montesquieu, il pomaricano fa notare come Personè continui la diatriba contro il filosofo francese e la sua accettazione del lusso, indispensabile all'interno delle monarchie - e questa teoria viene, seppur in parte, abbracciata da Genovesi e dallo stesso Fiorentino. Quest'ultimo, dopo aver stabilito che attaccare un autore, attribuendogli citazioni o pensieri altrui non è ammissibile, passa in rassegna le motivazioni di Montesquieu ad affermare ciò e, dopo aver trascritto il passo del filosofo francese,

---

[26] *LGF*, p. 32.

passa alla sua conclusione, ossia che il Personé, dopo aver cominciato a leggere il capitolo in questione, avesse trovato il termine proporzione, e provocandogli "noja", fosse passato al capitolo seguente, dal titolo In qual caso le leggi Suntuarie son proficue in una Monarchia; questo "salto", avendo provocato una comprensione superficiale del pensiero del *philosophe*, avrebbe fatto incappare Personé in un errore grossolano.

I paragrafi successivi (2-3) sono incentrati sulle accessioni, di cui Genovesi ne elenca quattro: fortuita, naturale, industriale, mista. La discussione, comunque, verte sulla prima di queste, che per Personé si dovrebbe considerare, come affermava il giurista contemporaneo Heinecke, tra le *res nullius*. Fiorentino interviene nella discussione, elencando, tra le accessioni fortuite, l'unione di due terreni a causa di un'alluvione e, chiamando in causa lo stesso Heinecke, fa notare all'autore del *Saggio* che lo stesso filosofo tedesco aveva compreso il fenomeno appena esposto tra le accessioni naturali: quindi, sarebbe solo una questione di nome.

Nel suo saggio, inoltre, Personé rimprovera Genovesi per aver criticato Cicerone di dividere le arti in "liberali" e "servili", le prime destinate ai gentiluomini e le seconde agli schiavi. Fino a qui, secondo Fiorentino, Personé avrebbe ragione[27], senonché il leccese erra aggiungendo dicendo che ci son uomini nati per essere schiavi, perché d'ingegno umile, e uomini nati per comandare. In quest'ambito, Fiorentino approfitta dell'occasione per sciogliere un encomio al grande maestro, addirittura paragonandolo a Cicerone: come lo scrittore latino, con le sue idee e nozioni, aveva, se pur indirettamente, educato tanti ragazzi, anche Genovesi, allo stesso modo, aveva contribuito, sia indirettamente che direttamente, a formare una "scienza nuova" tra i letterati delle province meridionali. Finora, dunque, afferma Fiorentino, sarebbe Personé a peccare di incoerenza, in quanto, all'inizio del suo saggio, aveva affermato che nella *Diceosina* l'abate Genovesi avesse

---

[27] *LGF*, p. 38.

scritto di cose risapute, salvo poi affermare, nella seconda lettera, che dice cose nuove e mai sentite prima. A proposito di argomenti sociali, Fiorentino continua la sua apologia citando un'affermazione del

Genovesi, secondo il quale le mogli "comprano", tramite la dote, i mariti. Personé rispondeva dicendo che la dote altro non è che una sorta di prestazione, per meglio sostenere il peso del matrimonio; qui interviene il pomaricano, che spiega che, se così fosse, le donne non vanterebbero il quadruplo della dote, che poi effettivamente non hanno, quindi, si dice d'accordo con l'affermazione fatta dal Genovesi.

Nel dodicesimo paragrafo, Fiorentino evidenzia ancora, richiamandosi alla presunta critica genovesiana a Cicerone, ciò che precedentemente aveva scritto, ossia che Personé è spinto dalla voglia di andare contro i grandi e, nella fattispecie, Grozio, che aveva definito la pena come un male che si soffre per aver commesso un male: tutto questo, continua Fiorentino, poco aveva a che fare con la *Diceosina* del Genovesi. Fiorentino fa notare quanto sia grossolana, in questo senso, la critica di Personé, che, proseguendo nell'attribuire al maestro salernitano un'affermazione groziana, aggiunge che Genovesi presenta numerose lacune nella preparazione storica, peraltro ingigantite da Personé, tant'è che fa notare quanto l'autore del *Saggio*, non trovando nulla di concreto in merito al quale disquisire, andasse, appunto, a "pescare" sviste minori.

Si passa, in seguito, ad analizzare un passo della *Diceosina*, nel quale il Genovesi trascrive e sviluppa idee di Montesquieu in merito ai governi e alle loro leggi, in particolare quelli dispotici, nei quali, spiega, un ruolo fondamentale assolvono le leggi; queste devono essere, secondo il francese, molto severe, perché tali governi si basano sul terrore e sul despota, che si sentirà sempre meno uomo, e sempre più una divinità. Genovesi non fa altro che riportare e sviluppare le idee dell'autore dell'*Esprit des lois*, ma il Personè lo attacca, dicendo che quest'ultimo critica riflessioni ovvie e non specifiche di Montesquieu. Nella questione interviene Fiorentino che, riportando il passo dell'abate e del francese, fa notare come Genovesi non avesse attaccato Montesquieu, ma anzi avesse, come detto prima, solamente sviluppato delle sue idee e fa notare come il paragrafo del Personé fosse completamente, quindi, fuori luogo.

I restanti paragrafi della seconda lettera trattano, ancora, argomenti di carattere giuridico-sociale. Personé, analizzando un passo del Genovesi, espone quelle materie che, a suo dire, sono inutili affinché un giudice svolga in maniera adeguata il proprio compito: Fiorentino risponde facendo notare quanto il critico agisca in malafede, perché, caso strano, le materie giudicate inutili, son le stesse nelle quali non è versato Personé. Tra l'altro, quest'ultimo rinfaccia a Genovesi l'affermazione secondo la quale i popoli d'Europa o sono commercianti, o sono filosofi; la critica mossa dal Personé verte sul fatto che il Genovesi avrebbe etichettato come "senza cervello" coloro che definivano il XVIII secolo come "secolo illuminato": Fiorentino, anche se in maniera implicita, definisce come ignorante, in materia di storia, il Personé, che non sapeva come i popoli d'Europa, effettivamente, fossero commercianti e ignorava come alcuni popoli, etichettati dal Genovesi come "filosofi rischiarati", avessero fatto grandi passi in materie scientifiche e non; sicché la definizione genovesiana era giusta.

Fiorentino si avvia, così, verso la conclusione della seconda lettera, incentrata, nel suo nucleo, su problemi socio-giuridici, che avrebbe sviluppato nella prima parte delle sue future Riflessioni sul Regno di Napoli, spesso con le stesse parole usate qui. Al termine di questa seconda trattazione, il pomaricano affronta un ultimo nodo che lega diritto e società, ossia l'ipotesi del Genovesi di riempire le università e i collegi dei migliori insegnanti, scelti con criterio meritocratico che Personé, dal canto suo, afferma sia di fatto inesistente. Fiorentino ricorda al critico antigenovesiano che nel Regno vigeva, di fatto, una legge secondo la quale ogni sei mesi i collegi dovessero essere controllati, tramite rapporti dei sovrintendenti, per garantirne il buon costume e la buona dottrina.

La terza, e ultima, lettera comincia con una discussione sulle leggi naturali, più precisamente soffermandosi sulla poligamia e sulla poliandria. Personé, infatti, critica Genovesi per aver detto che in Europa queste due pratiche sono proibite da leggi di natura, mentre nel resto del mondo potrebbe darsi che siano ammesse: in particolare, dove il numero degli uomini sarà maggiore, sarà ammessa la poliandria e, dove il numero delle donne sarà maggiore, sarà ammessa la poligamia. Punto cardine della discussione è il verso nel quale si dice che, almeno in Europa, sono proibite da leggi di natura: Personé attacca l'autore della *Diceosina* dicendo che sarebbe stato comprensibile se si fosse trattato di una sola pratica, ma sbilanciarsi così per entrambe non è corretto, anche perché in un preciso luogo ci sono o più donne che uomini o viceversa, ma mai, ovviamente, entrambe le cose. Interviene, così, Fiorentino e, dopo aver riportato il passo in questione del Personè, spiega che questo argomento era stato trattato anche da Montesquieu; Genovesi aveva fatto riferimento solamente

all'Europa, perché la Diceosina era diretta ai giovani italiani e, in effetti, in Europa erano vietate queste due pratiche, come evidenziava l'esempio di Genovesi che, riportando la sua teoria con un esempio fattuale, affermava che nel Vecchio Mondo il numero di maschi e donne è pressappoco uguale.

A proposito del rapporto matrimoniale, si passa a discutere in merito all'adulterio: il pomaricano riporta un passo del Personé, in cui spiega come non sempre l'adulterio sia da condannare, perché potrebbe darsi che il marito sia di temperamento bestiale, mentre l'adultero di temperamento opposto, quindi, placido e gentile: se nascessero dieci figli, ci son probabilità che ne nascano cinque come il padre, e cinque come l'adultero. In merito a questa discussione, Fiorentino afferma chiaramente come il ragionamento sia, di fatto, un paralogismo: "se io continuassi a leggere simili sciocchezze, certamente mi sentirei rovesciata, e guasta la mia ragione"[28]. Ciò perché, innanzitutto, il temperamento poco ha a che fare col concepimento in sé; inoltre l'adulterio è sempre una cosa sbagliata, perché diminuisce l'amore dei coniugi e di fatto dissolve la famiglia. Inoltre, crescere figli di un adultero provoca due mali fisici: il primo causato dal fatto di avere in cura un figlio di altri, il secondo causato dal fatto che parte dei beni andranno al figlio di un estraneo.

Si passa poi a parlare delle arti e quali devono essere apprese dai giovani. Il Personè, dopo aver trascritto un passo genovesiano, afferma che si deve fare un po' di chiarezza: nel dettaglio si riferisce all'affermazione di Genovesi secondo la quale ai giovani potrebbe tornare utile l'apprendere qualche arte semi-meccanica, e non solamente arti "teoriche". Personé motiva la sua dichiarazione, dicendo che gli sembra inutile far perdere tempo ai ragazzi, deviandoli verso arti meno redditizie. Di contro, Fiorentino ribatte che, innanzitutto, l'uomo deve "allenare" anche il corpo, e non solamente lo spirito; poi riporta specifici esempi e dimostra come molti uomini, con le sole scienze, non avessero trovato un'occupazione per sostenersi. Subito dopo riporta una frase del Personé, il quale s'era detto non d'accordo ad un pensiero del Genovesi, quello di valutare, come arte più necessaria, la chirurgia: Fiorentino corregge, come ormai di prassi, il Personé, facendogli notare come l'abate si riferisca alle basi della chirurgia e non a questa come una materia da approfondire.

Di seguito, Fiorentino demolisce critiche di Personè alle citazioni di Genovesi su Heinecke e Montesquieu[29] in merito ad argomentazioni minori ma, soprattutto, dei vari sistemi di governo di un Paese e di come questi funzionino, in particolare la monarchia e i segni d'onore che il sovrano usa per amministrare un territorio con efficienza. Innanzitutto i segni d'onore, spiega Fiorentino, sono quegli "attestati" di fiducia, conferiti dal sovrano ai

---

[28] *LGF*, p. 88.
[29] *LGF*, p. 102.

suoi funzionari, per aver svolto egregiamente vari servigi: questa teorizzazione, già presente in Montesquieu, era stata fatta propria da Genovesi, che comunque li definiva, secondo la sua teoria, "falsi segni d'onore", attirandosi la critica di Personé, fermo a Montesquieu e che, con questa lettura, mostrava ancora una volta la superficialità e la cursorietà della propria lettura.

Si passa, poi, nei paragrafi seguenti, a discorrere della guerra, se sia nociva o positiva, e dei motivi che portano gli uomini a farla. Il Genovesi imputa le cause delle varie guerre alla gelosia e all'invidia ed adduce come esempio un nano che sentirebbe oppressione nel misurarsi con un uomo dalla normale statura; anche i romani non seppero resistere a questi difetti, e per invidia e gelosia mossero guerre a tanti Stati, portando, di fatto, allo sfaldamento l'Impero. Le critiche del Personé si basano, fondamentalmente, su due concetti: un nano, per usare l'esempio del Genovesi, non si cimenterebbe mai con un uomo dalla normale statura, così come una nazione debole non dichiarerebbe mai guerra ad una più forte. In secondo luogo, dire che i romani mossero guerra per invidia e gelosia è, di fatto, secondo l'autore salentino, un errore di prospettiva storica.

A questi concetti controbatte il Fiorentino: in merito alle cause delle guerre dei romani, taccia Personé di ignoranza storica, perché se si sommassero alle guerre mosse per invidia e gelosia quelle per difendere i propri alleati, si avrebbero tutte le guerre dei romani; chiamando, poi, in causa l'esempio di David e Golia, risponde alla teoria secondo la quale una nazione debole non avrebbe avuto motivo di dichiarare guerra ad una più forte.

Riguardo ai vantaggi delle guerre, Fiorentino, in accordo con il Genovesi, è dell'opinione secondo cui esse non portano alcun utile, rispondendo così al Personé, che aveva affermato come in guerra ci sia sempre una nazione che vince ed una che perde, quindi per una sarà negativa, e per l'altra positiva: Fiorentino *in primis* ricorda come in guerra anche i vincitori perdano capitali ed uomini, per poi spiegare che in guerra non si può vincere sempre e, quindi, se una volta sarà positiva, la prossima sarà negativa. Per concludere riporta l'esempio di Alessandro Magno, morto in giovanissima età, sia pure da "padrone" del mondo, per le ferite riportate in guerra.

Nella *Diceosina*, ancora, Genovesi si scaglia contro una legge longobarda, secondo la quale se si uccide un chierico si dovrà pagare una multa in proporzione al ruolo assunto da questi all'interno della Chiesa, quindi etichettando come orrenda questa legge. In risposta a questo, il Personé aveva detto che se non si conosce la cultura, storia e il governo di un Paese, non si può giudicare una legge, anche se ci potrà sembrare orrenda, come nel caso riportato e, per avvalorare la sua tesi, chiama in causa Carlo Magno spiegando che questi, dopo aver conquistato il regno longobardo, lasciò in vigore questa legge. La risposta di Fiorentino arriva puntuale e, come sempre, non lascia scampo al Personé: innanzitutto, spiega Fiorentino, dire che Genovesi non esamina le cose da "tutti i lati", quindi valutandone cultura, storia e governo, è dire una castroneria perché, spiega Fiorentino, l'abate aveva da sempre insegnato "e colle regole, e colla pratica, che gli oggetti devon riguardarsi per tutti i loro aspetti"; poi, rispondendo riguardo all'esempio di Carlo Magno, "tirato" in ballo dal Personé, spiega che quest'ultimo, come tutti gli imperatori, non era infallibile, e qualora lo fosse stato, subito dopo aver conquistato un regno, conviene mantenere le leggi che vi erano in vigore.

La lettera, infine, dopo ulteriori reprimende di vario conto, comunque di tono minore, si conclude con un atto di stima nei confronti del Genovesi, e Fiorentino afferma, con uno specifico elogio del grande maestro, che si sarebbe ripetuto, in modo più asciutto, ma di fatto con gli stessi termini, nelle Riflessioni - ulteriore spia dell'attribuzione al Nostro, più che al fratello prete - che è compito di tutte le migliori intelligenze del Regno difendere un maestro che aveva dato tanto a Napoli dagli attacchi di uomini che cercano la gloria infamando grandi personaggi.

Il trattato giuridico, invece, dedicato al marchese Stefano Patrizi, consigliere della Real Camera di S. Chiara e docente di "jus feudale" nell'Università[30], nasceva dalla riconoscenza di Fiorentino per la possibilità concessagli dal marchese di perfezionarsi nelle Scienze nel collegio Angarano di Bologna, come ribadito dal pensatore pomaricano nella prefazione alla sua "opericciola".

Il trattato si impernia sul tema secondo il quale tutti i governi hanno come fine la felicità e il minimo male dei sudditi, attraverso l'osser-vanza del contratto sociale e cedendo quei diritti che implicano la pubblica utilità: "perché il bene di tutti si vuole da Dio, nostro comune padre, ogni Governo deve regolarsi, affinché vigano due unici assiomi *salus hominum* e *salus populi*"[31]. A tali principi dovevano, secondo Fiorentino, uniformarsi tutte le altre idee di giustizia, di equità, di "sdegno", altrimenti sarebbero vaghe e contraddittorie.

Continuo è, altresì, il richiamo ai grandi filosofi, ai giureconsulti romani e alle leggi inglesi che avevano dato prova di applicare in modo eccellente il principio della pubblica utilità. La questione affrontata nei *Principj*, comunque, come l'autore tendeva a precisare, era "filosofica" solo nel senso più ampio del termine: si trattava, cioè, di riflettere sulle basi legislative della punibilità degli individui, approntandole *ex novo*, come l'autore professava esplicitamente nella *Prefazione*. In effetti, afferma Fiorentino, la legislazione criminale non andava modellata su quella degli Stati che funzionavano bene, ma ricreata per prevenire e curare la criminalità, che, ovviamente, in uno Stato ben retto è ben repressa.

Significativo è, poi, quanto Fiorentino affermava a chiusura della prefazione, dalla quale emergeva che egli, alla stregua del, più

---

[30] *Calendario e notiziario della Corte per l'anno bisestile 1792*, nella Stamperia Reale, in Napoli, 1792, p. 152.

[31] N. Fiorentino, *Principj di giurisprudenza criminale di Nicola Fiorentino Soprantendente delle Regie Scuole di Bari e membro della Reale Accademia delle Scienze e delle Lettere di Napoli*, presso il Verriento, in Napoli, 1782, p. 2.

anziano, contemporaneo e conterraneo Onofrio Tataranni, si sentiva e definiva "filosofo cristiano":

> E sebbene io scrivendo i principi filosofici della Legislazione Criminale, sembra che non dovrei entrare nelle cose di religione; pure perché alcuni di questi Principi hanno rapporto con questa e perché dobbiamo sempre ricordarci d'essere filosofi cristiani, e non lasciare perciò il più sicuro metodo per ritrovar la verità; della nostra vera e pura religione, farò uso quando il bisogno lo richeggia[32].

Su tali basi - e, nella prefazione, quasi prendendo le distanze dalle note posizioni di Filangieri, che di lì a poco avrebbe pubblicato la *Scienza della Legislazione*[33] - Fiorentino impostava una trattazione rigidamente tecnicistica, derivante dall'insegnamento e, dunque, si potrebbe dire, "generalista" suddividendola in tre parti. La prima, intitolata *Dei delitti e delle pene, che si debbono applicare*[34], si concentra sulle modalità di prevenzione dei "delitti" e, nel caso della punibilità, sulle varie modalità di pena, tra le quali particolare rilievo acquistano la pena di schiavitù perpetua e temporanea e quella di relegazione, alle quali l'autore dedica una trattazione abbastanza ampia. Nella seconda parte (*Della natura e forza delle pruove e presunzioni*[35]), l'avvocato pomaricano si concentrava brevemente sulle tipologie e validità delle prove indiziarie, per poi passare direttamente alla terza sezione, ossia *Del processo*[36], basata essenzialmente sull'interrogatorio e sulle modalità delle spese processuali.

Nulla più che un estratto della precedente opera, come esplicitamente affermato dall'autore in apertura, può considerarsi la *Dissertazione sopra alcuni punti di giurisprudenza criminale*, che risale ipote-

---

[32] *Ivi*, p. 6.
[33] *Ivi*, p. 5.
[34] *Ivi*, pp. 7-103.
[35] *Ivi*, p. 104-131.
[36] *Ivi*, pp. 132-186.

ticamente al 1784[37], poi pubblicata, come detto, come appendice su "pruove e pene" alle *Istituzioni* del fratello Antonio[38].

2. Educazione ed etica

L'insegnamento (con alcune "puntate" nella teorizzazione, ancora nel 1794, con le *Riflessioni,* di cui si tratterà a parte) e la pratica amministrativa sembravano, a questo punto, lo sbocco sicuro di una giovinezza tesa alla polemica accademica e alla "gloria", nel solco del lealismo alla Corona. Tuttavia, dopo le delusioni dell'ultimo quindicennio, in cui pure non aveva cessato di riflettere, come si vedrà, Fiorentino non poteva, come educatore, rimanere estraneo ai fermenti ed all'esplosione del 1799, quando, nell'ambito di quei circuiti socio-politici fondati su una solida cultura di stampo umanistico-politico e di tendenza riformatrice di cui Fiorentino stesso era espressione, maturò, com'è noto, la pratica politica esplicatasi, in forme quanto mai variegate, nel corso del pentamestre rivoluzionario. È noto, infatti, come la Repubblica napoletana si ponesse come momento significativo nell'affermazione di un progetto democratico in Italia, nell'insegnare cosa fosse e significasse la democrazia non solo come idea, ma anche, e soprattutto, come pratica ancorata al territorio.

Molto, è chiaro, dipese dall'assorbimento dei messaggi rivoluzionari tramite la lettura, nelle sale patriottiche, dei giornali, *in primis* del "Monitore Napoletano", e dei vari opuscoli e fogli volanti ampiamente circolanti in provincia proprio grazie ai giornali stessi. Durante la breve vita della Repubblica si sviluppò, significativamente, un ampio ed acceso dibattito sulla carta stampata, vivificata dall'unione tra l'ormai secolare esperienza tipografica napoletana e le idee francesi ormai pienamente assimilate ed introdotte nel governo del territorio.

---

[37] Come già edita è indicata da Giustiniani, tomo II, p. 24.
[38] *Ibidem.*

Durante il semestre repubblicano si diede molta importanza a quella che oggi viene identificata come "opinione pubblica": rivoluzionari e controrivoluzionari adottarono, infatti, precise strategie comunicative per coinvolgere le masse.

Del resto, tutta la produzione del Triennio giacobino si connotò per una specifica ed insistita attenzione al popolo: si favorì la ricezione generale delle notizie attraverso letture pubbliche dei giornali, adottando, tra l'altro, uno stile scarno ed essenziale nel fornire le notizie, oltre ad offrire, in quest'ottica "pubblica", gli elementi fondamentali dei valori rivoluzionari attraverso i catechismi repubblicani; ulteriore, insistito spazio fu dedicato al "giacobinismo poetico", ossia a canti, inni patriottici e al teatro, che già Matteo Galdi, nel 1796, aveva indicato come uno dei *media* principali per divulgare tra il popolo le nuove idee:

> Io suppongo che un teatro patriottico ben organizzato e ben diretto produrrebbe [...] due gran vantaggi nella Repubblica. Si ecciterebbe il genio de' compositori, e molti particolari, volendo mostrare il loro patriottismo, emulerebbero le società col richiamare fra le pareti domestiche l'imitazione di sì utili stabilimenti[39].

Si spiega, dunque, l'ampio ventaglio di composizioni più o meno poetiche che, se da un lato facevano riferimento alla tradizione meridionale degli improvvisatori e dei teatri di marionette, dall'altro innestavano sapientemente tale tradizione sull'alveo della cultura rivoluzionaria, decisamente pubblica nelle forme e nell'espressività secondo la tradizione francese.

Del resto, tale positivo innesto era ampiamente raccomandato dai periodici rivoluzionari, sia sul livello teatrale "alto" - con la ripresa di tragedie libertarie quali, ad esempio, il *Timoleonte* e la *Vir-*

---

[39] M. A. Galdi, *Saggio d'istruzione pubblica rivoluzionaria*, in *Giacobini italiani*, a cura di D. Cantimori, Laterza, Bari, 1956, vol. I, p. 246.

ginia di Alfieri o il *Catone in Utica* di Metastasio[40] - sia per quanto concerne il livello popolare. Scriveva, infatti, Eleonora Fonseca Pimentel: "coloro i quali con teatro portatile di burrattini van divertendo il minuto popolo per le piazze, faccian anche da questi trattar soggetti democratici; e quei canta-storie, che similmente per le piazze cantan favole di Rinaldo ed Orlando cantino delle istruttive canzoni Napoletane"[41].

Tale progetto, per molti versi innovativo, distingueva accortamente *educazione* e *istruzione*: laddove l'educazione riguardava la formazione della coscienza politica, l'istruzione concerneva l'informazio-ne, ossia il primo grado di formazione dell'opinione pubblica, corrispondente alla semplice trasmissione del sapere. Se il primo passo era istruire, tramite la lettura pubblica dei giornali ad opera di mediatori, spesso popolani come "Pagliucchella" e Michele Marino *o' pazzo*, educare era un grado strettamente intrecciato alla visualità del teatro, volta a suscitare consenso e adesione a nuovi modelli politico-culturali e morali tramite forme "mediatiche" tradizionali[42].

Un intreccio, dunque, significativo nel suo collegarsi a quanto i "patrioti" napoletani avevano avuto modo di verificare non solo in Francia, ma anche nelle altre Repubbliche giacobine e che, nell'attuazione lungo il semestre repubblicano, non mancò di complicarsi ulteriormente, differenziandosi per quantità e qualità dei prodotti: su questo fronte, le forme più usate furono, per quanto riguarda l'istruzione, periodici di vario taglio ed orientamento politico, mentre, sul fronte educativo, una funzione primaria, se non altro negli intenti, fu svolta dall'uso dei simboli e dai catechismi repubblicani.

---

[40] Cfr. *Monitore Napoletano (2 febbraio-8 giugno 1799). L'antico nella cultura politica rivoluzionaria*, a cura di A. Lerra, Lacaita, Manduria-Bari-Roma, 2006, p. 104.

[41] *Ivi*, p. 67.

[42] Sulla distinzione tra educazione ed istruzione, cfr. E. Leso, *Lingua e rivoluzione. Ricerche sul vocabolario politico italiano del triennio rivoluzionario 1796-1799*, Istituto veneto di scienze, lettere ed arti, Venezia, 1991, pp. 105-114.

Il problema, per la Repubblica napoletana, come detto, fu quello di coinvolgere il popolo nella vita dello Stato, cercando di addentrarsi anche nel difficile campo dell'analfabetismo: tuttavia l'impiego di strumenti di comunicazione, potenzialmente di massa, non riuscì a coinvolgere effettivamente le masse. Paradossalmente la chiusura comunicativa avvenne non a livello popolare, ma su un versante più alto, tra i ceti più colti: la propaganda plebea rimase inascoltata dalla classe intellettuale, ancora una volta separata e chiusa in altro "continente culturale"[43].

Sul fronte dell'educazione, i rivoluzionari misero in campo diverse tipologie comunicative, nel comune alveo della cultura legata all'erudizione classica o alla cultura religiosa, volte a formare compiutamente un sistema di modelli e valori sia concettuali, legati, dunque, all'oralità, che visuali, legati al tradizionale "visibile parlare" così noto e ben accetto alle popolazioni del Regno.

È notevole, in tal senso, che Fiorentino componesse un *Inno a San Gennaro per la Conservazione della Libertà*[44], pubblicato il 5 marzo del 1799, nel quale veniva invocata dal santo protettore di Napoli la assistenza ai rivoluzionari e ai francesi, chiedendo di conservare la libertà al popolo e garantire, finalmente, un governo meritocratico.

Stupisce, in un matematico e giurista, l'uso della forma poetica, anche se fonti dell'epoca riferiscono che Fiorentino stesse, nel quinquennio precedente, per dare alle stampe un volume di *Rime*[45] che non risulta aver in alcun modo pubblicato.

In realtà nel componimento, scritto in settenari come altri componimenti repubblicani - con un metro facile da memorizzare e, all'occorrenza, musicare -, è notevole la perizia nella mistione tra sacro e antico, "il terreno sul quale l'uso dei simboli si fece più massiccio", ossia la "comunicazione verso il popolo e l'uso [...]

---

[43] S. S. Nigro, *Popolo e popolarità*, in *Letteratura Italiana Einaudi*, a cura di A. Asor Rosa, V, *Le Questioni*, Einaudi, Torino, 1986, pp. 261-263.

[44] Cfr. *Appendice*, V.

[45] Giustiniani, p. 24.

di simboli eroici e/o devozionali; uso massiccio, certo, ma anche e soprattutto "alto", volto ad influenzare i centri decisionali e le classi dirigenti"[46]. Tra l'altro, proprio riguardo a san Gennaro, risulta notevole la scelta del Fiorentino, che entrava in polemica con la controrivoluzione, che avrebbe cercato di riappropriarsi del tradizionale patrono dei napoletani, "reintegrandolo" come co-patrono insieme a sant'Antonio[47]. Del resto, sono note le "precise strategie, da parte del Governo repubblicano, nella strumentalizzazione di cerimonie religiose fondamentali quali il corpo di Cristo e il "miracolo" di san Gennaro, di chiara "pubblicità" e di rilevante importanza al fine di pilotare l'opinione pubblica"[48].

Nel campo del riuso dell'antico, è notevole, a partire dalla quarta strofa - e dunque in enfatica posizione di apertura - la mistione della sacralità dell'inno al *topos* del tiranno imbelle, fuggiasco e dominato da una moglie "Tiranna"[49], ai quali si contrappone, nell'ottica "pedagogica" del Fiorentino, la richiesta al santo di premiare il merito e la virtù sul quale poggia la seconda parte dell'inno.

In quegli stessi giorni, Fiorentino componeva, sempre a scopo educativo, una traduzione commentata della Costituzione francese del 1795 (purtroppo perduta), probabilmente anche in qualità di iscritto alla "Sala Popolare" presieduta da Vincenzo Russo e che teneva le sue adunanze nella sede dell'Università[50]. Inoltre, egli rivolgeva un accorato appello all'intellettualità napoletana a

---

[46] A. D'Andria, *I simboli della cultura politica rivoluzionaria e controrivoluzionaria*, in *Rivolte e rivoluzione nel Mezzogiorno d'Italia. 1547-1799*, a cura di A. Lerra e A. Musi, Lacaita, Manduria-Bari-Roma, 2008, p. 515.

[47] *Ivi*, p. 526.

[48] *Ivi*, p. 525.

[49] Cfr. A. D'Andria, *L'antico nella pubblicistica rivoluzionaria in provincia*, in *Uso e reinvenzione*, cit., pp. 359-361.

[50] Battaglini-Placanica, vol. III, p. 2079.

mezzo del discorso *A' giovani cittadini studiosi*[51], un documento che ben testimonia le direttive culturali del governo repubblicano e che si potrebbe definire come un manifesto di formazione dei concetti politico-culturali della propaganda repubblicana e dell'invito all'esemplarità di eroi dell'azione.

Molti pensieri ed affermazioni esposti nelle *Riflessioni* da un moderato ed esperto funzionario del Regno diventavano, ora, i consigli di un uomo che, sebbene deluso dal potere, non rinunciava a voler "ammaestrare" con i suoi moniti le generazioni giovani affinché queste, molto presto, si abituino a battersi per la conservazione della democrazia.

Fiorentino ribadisce che in un governo democratico ognuno deve proporre l'utile dello Stato al proprio; sottolinea la responsabilità del singolo nei confronti del corpo statale: "il cittadino che dà il voto a chi non lo merita, il soldato che antepone la fuga alla difesa della patria, possono essere cagione della rovina di questa"[48] e, fornendo nella situazione contingente una vasta gamma di esempi di virtù, chiedeva soccorso agli edificanti modelli del passato.

In seno al discorso, ricorre nuovamente la valenza formativo-educativa dell'esempio e, soprattutto, il richiamo al fatto che Napoli fosse città greca, una delle tante gemmazioni della madre e nutrice della democrazia:

> nell'uomo può molto l'esempio, specialmente se ignorante: rammentate i Leonidi, gli Aristidi, i Milziadi, i Focioni, i Socrati, ricordate che Napoli è Città Greca come le altre Città della nostra Repubblica; che il primo passo che la ragione in Italia dovea fare era in Napoli, al dire di *Voltaire*.

Significativa è, in questo passo, la *varatio* temporale-modale di tale verbo rispetto ai predominanti indicativi e imperativi presenti

---

[51] Proprio nel proclama Fiorentino fa riferimento alla traduzione della carta costituzionale francese, in cui, si può presumere, mise a frutto la profonda conoscenza del diritto maturata negli anni dell'insegnamento.

dell'intero testo; questo "dovea" si carica di un forte biasimo nei confronti di un'ostruzione che ha reso la ragione incapace di rischiarare con il suo lume la città di Napoli.

Segue l'esaltazione del genio e dell'intelletto italico di Tacito e Machiavelli, il cui pensiero illuminò e fece da guida alla redazione da parte dell'"immortale Montesquieu, del gran Rousseau, del divino Helvetius, del sagacissimo Mably", della "più bella di tutte", la Costituzione Francese, che "è il capo d'opera della Politica".

I francesi, che da soli avevano riformato dalle fondamenta il proprio Paese, diventavano l'esempio *pratico* per Fiorentino della volontà di ridurre il lusso deleterio per la comunità, in virtù di una spesa finalizzata al bene di tutti.

Ed era soprattutto verso la fine del discorso che Fiorentino richiamava le menti e i cuori dei giovani sovente, utilizzando imperativi ("compatiteli: non sanno il fine del lusso; illuminateli"); egli aveva fiducia in loro e li vedeva come continuatori ed esecutori di una condotta alimentata dalla "pedagogia del pubblico bene" e indirizzata a proseguire sulla via della virtù dalla tutela della Francia.

Con la sua onestà, con il suo essere ligio funzionario di un potere che, forse, non lo aveva riconosciuto come meritevole, con la sua cultura e perizia, messe a disposizione di tutti in un'ottica da vero insegnante che aveva appreso nell'esperienza barese, Fiorentino lasciava a tali giovani, reputati quasi dei figli "spirituali", l'eredità di questo "ammaestramento" morale e alla virtù, sentiti come un dovere nei loro confronti. Cosa che sarebbe stata ribadita nel *Ragionamento su la tranquillità della Repubblica*, scritto il 31 marzo in qualità di soldato della Guardia Nazionale e che riprendeva le considerazioni espresse nelle *Riflessioni*[52].

Comunque sia, il proclama ai "giovani studiosi" si chiudeva con un'accorata apostrofe, non comune, per accenti, nel *modus scribendi* fiorentiniano:

---

[52] Cfr. *Appendice*, VII.

Sì da voi, amatissimi miei giovani cittadini, da voi solo io spero
lo stabilimento della nostra Repubblica: attendete solamente a
rendervi, e formare virtuosi i vostri; distruggete coraggiosamente quel terribile mostro divoratore delle Repubbliche,
chiamato *Egoismo*, che qual Vertunno in mille volti si trasforma, e ci seduce, e c'inganna sotto apparenza di Astrea; disprezzando coraggiosamente gli scherni degli sciocchi; leggete,
rileggete i menzionati Autori, e la suddetta Costituzione, e fateci le vostre Riflessioni, per adattarla alle circostanze locali, e
somministratele al Governo: e fate vedere a' savj Francesi colle
vostre azioni, e con qualche letteraria produzione (*a*), che il
suolo Napolitano, non ostante sia stato sotto la tirannide di
un'imbecille, e di una furia, memori gli abitanti della Greca sapienza, e del valor Italico, abbia prodotto delle poche
grand'anime Cosmopolite.

Come il conterraneo Onofrio Tataranni, un altro grande "deluso" che in quei mesi tornava a far sentire la sua voce di maestro
di giovani tramite il *Catechismo Nazionale pe'l Cittadino*, anche Fiorentino riteneva che le istanze della nuova filosofia dei Lumi,
proprio perché si ponevano il fine della felicità universale, non
potessero contraddire la religione; anzi è vero il contrario, nel
senso che religione e cosmopolitismo si identificavano, visto che
il "bene di tutti si vuole da Dio nostro comune padre". La pratica
della virtù, del *bonum diffusivum sui* in una società corrotta comportava, dunque, atti di coraggio e una strenua lotta contro un *modus
agendi* diventato, ormai, un *habitus*, soprattutto nelle vecchie generazioni educate e formate ad esso sin dalla fanciullezza. Tuttavia
Fiorentino diceva ai suoi giovani studiosi:

e soffrite in pace qualche cosa, che non vi sembra giusta: il
tempo, i lumi, che acquisterete, e farete acquistare, le vostre
azioni virtuose, e l'Ente Supremo, che si mostra ormai stracco
de' furori, e delle oppressioni de' Tiranni, vi rimedieranno; ricordatevi della gran massima: *minima de malis*.

Il discorso si chiude con l'iterazione, in poliptoto, del verbo *ri-flettere*: Fiorentino invita i giovani sia a riflettere su quanto i grandi autori avessero affermato per la riconquista della democrazia dall'oppres-sione tirannica sia ad emulare la virtù degli originali, principio motore delle democrazie. Era, questa, l'ultima riflessione/provocazione del pensatore lucano che, al culmine di una vita spesa a cercare di portare ad un livello più alto una riflessione scientifico-culturale ormai ristagnante dopo la prima stagione riformatrice borbonica, lanciava un progetto di rinnovamento educativo alla base di un nuovo modo di fare politica.

Capitolo Terzo
Le *Riflessioni sul Regno di Napoli* tra didascalismo e progettualità economico-politica

1. Un progetto di rinnovamento

Se le opere minori evidenziano la poliedricità della riflessione fiorentiniana, situandolo *in limine* tra scienza, filosofia e letteratura in qualità di educatore, sono le *Riflessioni sul Regno di Napoli*, comunque, ad essere il testo più notevole nell'evidenziare la "parabola del riformismo regio, in molti casi con un passaggio dal genovesismo al giacobinismo"[1]. Il trattato, di particolare complessità e carica innovativa, è, tuttavia, passato pressoché inosservato negli studi più recenti, forse proprio per la sua apparente rapsodicità e il suo situarsi tra età delle riforme e collasso definitivo del riformismo ferdinandeo.

Già la dedica al marchese del Vasto testimonia, in realtà, i profondi legami culturali e socio-politici dell'autore con i gruppi dirigenti più attenti alla sperimentazione: nel caso del d'Avalos - tra l'altro preposto all'Accademia di Scienze e Belle Lettere - celebrando "tanti immortali"[2] suoi antenati, il pensatore lucano aveva sicuramente il progetto di porre sotto la protezione del grande casato la propria opera più impegnativa, anche perché doveva aver avuto rapporti continuati con i d'Avalos come Soprintendente della Regia Scuola barese, visto che la famiglia esercitava la pro-

---

[1] S. Lardino, *I saperi tecnici tra nuovi scenari produttivi e nuove progettualità politiche*, in *La Basilicata per l'Unità d'Italia. Cultura e pratica politico-istituzionale (1848-1876)*, a cura di A. Lerra, Guerini e Associati, Milano, 2014, p. 339.

[2] *RRN*, p. V.

pria giurisdizione feudale sugli Abruzzi e sull'*hinterland* a cavaliere tra Capitanata e Terra di Bari[3].

Il riferimento all'amore per la cultura e al mecenatismo della famiglia[5] forniva, in effetti, a Fiorentino l'occasione per esaltare in Tommaso d'Avalos queste stesse qualità in virtù delle quali, oltre ad essere stato nominato maggiordomo del sovrano, era stato, a buon diritto, prescelto principe dell'Accademia delle Scienze e delle Lettere. In base a tali presupposti, egli riteneva di non poter dedicare ad altri il suo scritto sulla "pubblica economia" del Regno di Napoli, rivolto all'utilità del sovrano e dei sudditi, augurandosi che l'opera fungesse da sprone per un reale rinnovamento del Regno sulla base dei prodotti dell'Accademia dei quali il principe avrebbe potuto farsi garante.

Sicché, dopo un decennio dalla dedica dei *Principi di Giurisprudenza criminale* al marchese Stefano Patrizi, Caporuota del Sacro Regio Consiglio, ritornava prepotente nel pomaricano la propositività di un progetto di "utilità" ancora affidato, nonostante tutto, alla nobiltà che, forse – sembra di leggere tra le righe delle due dediche – avrebbe ancora potuto garantire la presenza della "filosofia" in aiuto di una Corona per la quale Fiorentino sentiva ancora, nonostante, un"'affezione" rilevante.

Nella dedica al lettore, in effetti, egli esplicitava le motivazioni di cultura politica che lo avevano indotto a cimentarsi in un'opera come le *Riflessioni* e il fine di essa; emergeva, altresì, un'implicita giustificazione del titolo, secondo la quale un'esposizione delle tare, per così dire, "congenite" al Regno e la proposta di soluzioni non era altro che una pacata riflessione sulla realtà dell'epoca, in modo da ottemperare ad un vero e proprio dovere da parte di un uomo che vivesse *nel* Regno e *per* il Regno e che, fino a quando da parte della Corona si fosse fatto il possibile per la "felicità" dei sudditi, doveva essere animato dalla sincera volontà di collaborare

---

[3] F. Luise, *Un grande casato nel Decennio francese: i d'Avalos*, in *All'ombra di Murat. Studi e ricerche sul Decennio francese*, a cura di S. Russo, Edipuglia, Bari, 2007, pp. 69-74.

con il potere costituito in vista del conseguimento del pubblico bene e della pubblica utilità.

Tra i mali più pressanti del Regno, Fiorentino denunciava la mancata esecuzione delle leggi e, soprattutto, i periodi di carestia, conseguenti a cattivi raccolti e causati essenzialmente dalla "crassa ignoranza"[6] dell'agricoltura e dal fatto che nel Regno ci fossero pochi terreni atti alla coltura: dunque, poiché, come viene ribadito nei primi righi della prefazione, alla base "delle tante e continue nostre miserie"[7] erano l'ignoranza e i pregiudizi, cagione, a loro volta dei continui cattivi raccolti e di gravi difficoltà che non risparmiavano alcuno, Fiorentino si proponeva di esporre le sue opinioni soprattutto sull'agricoltura e sulla pastorizia, partendo dal presupposto che la felicità di una Nazione, intesa come derivante dal benessere e dalla prosperità, fosse garantita dalle arti, dal commercio ma soprattutto dall'agricoltura, definita dall'autore un'arte bella ed utile che sarebbe stato un grande inconveniente trascurare, considerato il fatto che i territori del Regno erano i più adatti ad essa per la tipologia del suolo e del clima.

L'autore, prendendo appositamente le distanze dai "peregrini nostri ingegni"[4], tutti versati nelle materie forensi, volle esplicitare che l'interesse per lo studio dell'agricoltura avrebbe sfatato l'idea che essa, non consistendo esclusivamente nel lavorare le terre, ma, presupponendo il possesso di svariate e precise conoscenze, fosse un campo fondamentalmente più "facile" di quanto si ritenesse, ribadendo, altresì, che fosse di fondamentale importanza perfezionare, sull'esempio delle altre nazioni, l'agricoltura, al fine di poter sopperire ai bisogni presenti. Eppure – e in ciò si avverte una non troppo velata polemica - dato che poco si era fatto tesoro degli insegnamenti, tra gli altri, di Genovesi e di Palmieri, egli mostrava una sorta di pessimismo circa il fatto che si capisse effettivamente l'importanza di quanto avrebbe cercato di dimostrare. In tale direzione, Fiorentino chiudeva la prefazione con un

---

[4] *RRN*, p. X.

appello diretto al pubblico, al quale veniva chiesto di approcciarsi alle sue *Riflessioni* con gli occhi "mondati" da eventuali critiche nei confronti di uno stile non epurato, a causa di circostanze di forza maggiore, da alcune imperfezioni e, soprattutto, di avere l'animo e gli occhi della mente sgombri da pregiudizi di ogni sorta che inducevano a ritenere assurdità alcune sue nuove idee come quella che uno Stato potesse migliorare senza il pagamento di "dazi" da parte di qualcuno.

Nella chiusa, proprio in polemica contro il conservatorismo ormai imperante, Fiorentino rassicurava il lettore come la sua intenzione non fosse quella di proporre cose *interamente* nuove, bensì dottrine utili, con un richiamo a Cartesio che aveva una duplice funzione: da un lato doveva servire ad "iscansar" le critiche per la iterazione di alcuni concetti, dato che lo stesso filosofo francese spesso sosteneva che "le dottrine utili, se non si ripetono spesso, finché diventino abito, non giovano e bisogna ripeterle ulteriormente qualora siano foriere di nuovi vantaggi"[5]; dall'altro, il richiamo al filosofo francese sottolineava il fatto che Fiorentino, lungi dal conseguimento del proprio utile, partendo da sé e dal contenuto del suo pensiero, attraverso tali *Riflessioni* ribadisse il suo ruolo di uomo-cittadino pensante che vedeva, concepiva chiaramente la realtà in cui viveva e che voleva sinceramente contribuire al conseguimento del bene comune di tutto il Regno: "e sebbene, per non far credere di voler fare la mia causa, non dovrei di ciò parlare; pure la grande utilità del soggetto mi fa superare questo umano riguardo"[6].

Si potrebbe ipotizzare, forse, che il fine del Fiorentino fosse ancora più ambizioso: risvegliare, attraverso la sua meditazione, le menti e le coscienze, spronarle a guardare la realtà in modo critico, uscendo dal torpore di un tranquillo "inquadramento" in seno ad un sistema di sudditanza e vassallaggio anche del pensiero.

---

[5] *RRN*, p. 12.
[6] *RRN*, p. 186.

Le *Riflessioni sul Regno di Napoli* sono costituite da quattro capitoli, ben definiti da Fiorentino nell'indice con cui, nell'appendice, l'autore sosteneva esplicitamente di aver cercato di rimediare all'inconveniente di non aver potuto, in precedenza, "ben ordinare e limare le dottrine", essendo impegnato nella seconda edizione dei *Principi di Giurisprudenza Criminale*.

L'argomento stesso dei quattro corposi capitoli, i primi due dei quali dedicati a "Studi e Tribunali" e ad "Arti, Commercio e Rendite dello Stato", mentre la seconda metà dell'opera era un'ampia trattazione su "Agricoltura, Pastorizia, Popolazione e Vitto", mostra una sorta di rapsodicità propria anche dell'argomentazione fiorentiniana, costituendo, in effetti, le *Riflessioni* una sorta di "dittico" argomentativo che scaturiva dall'esperienza biografica e culturale dell'autore. Tuttavia, l'apparente logica di una gerarchia tematica (educazione e giustizia; arti ed economia; agricoltura ed altre attività ad essa connesse) celava il tema trasversale dell'agricoltura, argomento trattato in tutti e quattro i capitoli e, quindi, il principale argomento delle *Riflessioni*.

Inoltre, nell'appendice, Fiorentino ribadiva di non voler smettere di trattare di una materia, l'agricoltura, così utile, ma così "barbaramente" trascurata da tutti gli abitanti del Regno, con nuove e profonde riflessioni ispirate dalla lettura del "Ragionamento" *Sulla propia stagione di seminare il grano*, pubblicato in quello stesso anno da Leandro Maria Guidi, esperto di "economia rurale" nel 1793 e che, dunque, aveva ispirato Fiorentino ad un'aggiunta *in extremis*, non scevra da venature polemiche contro un autore che aveva dedicato la propria opera direttamente al sovrano, "scavalcando" l'Accademia, che di tali materie avrebbe dovuto essere garante prima. Si spiega, dunque, anche la dedica al d'Avalos e il fatto che "censore" dell'opera fosse quel Marcello Cecere, professore di matematica sintetica nell'Università di Napoli e, come detto, già maestro di Fiorentino al Salvatore[7], che approvò, appunto, le *Ri-flessioni* il 26 marzo 1794.

Tra l'altro, Cecere figurava ancora tra i docenti, appunto, dell'ateneo napoletano con personaggi di spicco che Fiorentino ben conosceva dall'Accademia di Scienze e Belle Lettere, come Domenico Cotugno e Nicola Fergola, o colleghi come Mario Pagano e, in ambito forense, lo stesso marchese Patrizi, o ancora, nel campo scientifico, Domenico Cirillo e quel padre Nicola Cavallo contro il quale era stato diretto il *Saggio sulle Quantità Infinitesime e sulle Forze Vive e Morte* del pomaricano[8]. Un mondo accademico che in quel 1794 ancora si stringeva intorno al sovrano per tentare, tramite l'Accademia o tramite, comunque, l'ateneo, di continuare un dialogo che Ferdinando sembrava sempre più voler allontanare. Ciò non solo chiudendo spazi e finanziamenti all'intellettualità, ma anche, e soprattutto, non premiando se non i pensatori "minori" come, sicuramente, Fiorentino riteneva, con una punta di polemica non troppo velata (vista l'aggiunta all'ultimo momento nelle *Riflessioni*), che fosse il Guidi. Tra l'altro, Il carattere polemico (e spesso acrimonioso) del Fiorentino studioso è visibile fin dal *Saggio* e, ancora nella temperie del 1799, nel proclama *A' giovani cittadini studiosi,* in una lunga nota a piè di pagina che, per la sua "stonatura" rispetto al contesto, ha il sapore di un'aggiunta all'ultimo minuto diretta a smontare con una certa acrimonia i "miti giacobini" di Filangieri e Genovesi che in quel tornio di tempo erano ampiamente celebrati nei giornali giacobini, primo tra tutti il "Monitore Napoletano" di Eleonora Fonseca Pimentel.

---

[7] A. D'Andria, *Per un profilo biografico e culturale di Nicola Fiorentino,* in "Bollettino Storico della Basilicata", n. 29, 2013, pp. 210-211.

[8] *Ivi,* p. 212.

2. Educazione e giustizia

Il punto di partenza delle *Riflessioni* era fondato su due argomenti di fondamentale importanza e alla base di ciascuna società civile, quali gli "studi", o meglio l'educazione, e i "tribunali", ossia la giustizia: l'accostamento di questi due temi può derivare, molto probabilmente, dal fatto che, per Fiorentino, sulla scia del Filangieri, solo menti ed animi educati da un valido ed efficiente sistema scolastico sarebbero state sensibili alla delicata questione della giustizia, facendo in modo che essa potesse avere la meglio su un mondo regolato solo dall'ingiustizia.

Ad aprire tale riflessione era la rappresentazione di Napoli, vista quasi come un'unica grande "oasi" nel vasto e poco vitale "deserto" del Regno, così visto per la mancanza, nelle province, di tribunali inappellabili, con la contemporanea presenza, in esse, di scuole "difettose" al punto che gran parte dei gruppi dirigenti locali – e Fiorentino lo sapeva bene per esperienza diretta – inviavano i propri figli a Napoli per approfondire gli studi, che nelle province si limitavano all'"abbaco" e alla scrittura di genovesiana memoria. In realtà, la "deficienza" delle province era causa, ma anche effetto, della smisurata grandezza e del sovraffollamento della Capitale che, offrendo un "canto di Sirena" - secondo una metafora ben nota ai regnicoli - ai giovani, li rimandava nelle province "carichi di vizi"[9]. Ineccepibile, in tal senso, il procedimento argomentativo di Fiorentino: tale quadro ingenerava l'ovvia esigenza di una più equa distribuzione della popolazione nei territori e la conseguente necessità di elevare il tenore di vita e la qualità dei servizi tra cui, *in primis*, il sistema scolastico.

Nicola Fiorentino, paradigma dell'intellettuale riformatore, nutrito di dibattiti, proposte, nuove istanze pedagogico-educative, derivanti dalla componente riformatrice, non poteva trascurare la questione dell'educazione il cui scopo era, come aveva già sottoli-

---

[9] *RRN*, p. 1.

neato nei *Principi di giurisprudenza criminale*, quello di "formare uomini virtuosi e non di farli crescere silvestri e feroci"[10]. Molto probabilmente, egli aveva ancora ben a mente l'esortazione di Genovesi, negli *Elementi dell'arte logico-critica*, pubblicati in latino nel 1745[11], a guardare ai pensatori d'oltralpe e, in senso più ampio, alla cultura e alla realtà internazionale, se invitava ad avere come modello, al fine di effettuare una svolta nell'apparato educativo, Venezia, l'Olanda, l'Inghilterra ed altre nazioni, esempio di maggiori investimenti, da parte dei governi, tesi a migliorare le scuole nelle province.

Quella dell'istruzione e della formazione fu una questione di primaria importanza, in effetti, per gli intellettuali illuministi che partivano dal presupposto che la ragione e l'intelletto non avrebbero potuto "illuminare e rischiarare" in modo non occasionale, se non si fosse provveduto alla conquista e alla rivoluzione interiore della coscienza popolare attraverso l'educazione. Fu così che tra i doveri dei principi illuminati vi fu anche quello di provvedere all'istituzione di idonei sistemi scolastici: i sovrani, in effetti, proprio in vista della formazione di gruppi dirigenti preparati, si preoccuparono di istituire scuole pubbliche e gratuite, anche per secolarizzare e laicizzare la società.

È partendo da tali presupposti che Nicola Fiorentino propone, consapevole dello stato delle scuole nel Regno, come detto, sul modello dei Paesi d'oltralpe,

> di accrescere e migliorare le scuole nelle Province con l'aumento dei soldi e col dare l'ascenso dalle scuole inferiori alle superiori, da queste a quelle di Bari, e Catanzaro ove sono i collegi, e da queste a quelle di Lecce, ove si dovrebbe dotare e far fiorire la già stabilita accademia, unendola alle scuole ed aumentando sempre i soldi[12].

---

[10] N. Fiorentino, *Principi di Giurisprudenza Criminale*, Verriento, Napoli, 1782, p. 29.

[11] A. Genovesi, *Elementa artis logico-criticae*, Gessari, Napoli, 1745.

[12] *RRN*, pp. 1-2.

Significativa era, altresì, la sua proposta di incentivare la ricerca, conferendo premi agli "inventori di utili scoperte".

Considerata l'importanza conferita all'agricoltura, scienza ed arte vitale per una nazione ed il suo commercio, Fiorentino riusciva a conciliare il tema relativo ad essa con quello dell'educazione, proponendo, sulla scia di Genovesi, l'istituzione di una cattedra di agricoltura dalle scuole elementari a quelle di più alto livello, come anche nei seminari, esortando gli ecclesiastici ad occuparsi di "economia rustica", con gli esempi più che con le nozioni. Fiorentino, in tale direzione, aveva come modello l'Irlanda e la Svezia, ove l'agricoltura era una delle questioni predominanti del governo e la conoscenza agronomica era uno dei requisiti dei parroci, mentre, ad esempio, a Venezia il governo prendeva informazioni sui parroci che si distinguessero per l'insegnamento dell'agricoltura. Anche se, tuttavia, nei piccoli centri, non si poteva pretendere dal maestro che si occupasse anche di agronomia, si sarebbe dovuto prevedere, come educatore "di affiancamento", un agronomo itinerante, che sarebbe dovuto essere fisso nei centri di almeno diecimila abitanti.

L'autore formulava anche una proposta relativamente ai manuali di agricoltura: fermamente convinto del fatto che le parole e i discorsi andassero, più che altro, supportati da esempi e fatti, suggeriva che i testi fossero chiari e non prolissi che i vari precetti fossero seguiti da una loro applicazione pratica, prevedendo anche modifiche a seconda delle circostanze locali.

Fiorentino si faceva, dunque, sostenitore di una formazione scientifica e di un'educazione in quelle scienze, appunto, di "vera e pratica utilità" come la fisica, la chimica e la matematica, che non solo non ostacolavano lo sviluppo degli studi letterari ma li completavano; metodo didattico da lui suggerito sarebbe dovuto essere quello dello sforzo e della severità, affinché i giovani capissero che la fatica era doverosa, utile e necessaria al bene dell'anima e del corpo e ad una vita migliore. Partendo da tale presupposto era altrettanto significativa la funzione attribuita da Fiorentino al docente, il cui dovere maggiore sarebbe stato coltivare i costumi ancor prima dell'intelletto; perché l'educazione si trasformasse in un moto interiore sarebbe stato necessario che i docenti insegnassero in base al loro esempio e solo successivamente fornendo altri modelli "esterni", quali quelli storici, al fine di dimostrare che non esiste una buona vita "socievole" se non si è giusti ed equi. Se il fine era quello di educare ed abituare per tempo alla durezza, alla sobrietà, alla ubbidienza, pazienza, vigilanza, fatica metodica e periodica, "non devono esistere docenti che sperino più dalla poltroneria e dissolutezza degli allievi che dal travaglio. E qui non si può fare a meno di ricordarci del Marchese Tanucci"[13]. In tale direzione, egli arrivava anche a prospettare l'abolizione dell'istruzione pubblica se la sicurezza di uno stipendio fisso avesse potuto indurre gli insegnanti a trascurare la loro missione; si sarebbe potuto, dunque, pensare di dare ai maestri degli stipendi minimi cui si sarebbe aggiunto quanto gli studenti possono pagare; un altro *remedium* alla negligenza dell'insegnante poteva essere uno stipendio proporzionato al numero degli studenti ed al loro profitto.

Se, dunque, da un lato, l'autore prevedeva delle ricompense per accrescere il profitto dei giovani nelle scienze, dall'altro, si mostrava sostenitore di un'educazione seria e severa e di una società meritocratica, affermando che non si doveva permettere a nessun discente né di sposarsi né di avere alcun tipo di impiego, senza avere sostenuto un esame su determinati argomenti.

Ex abrupto, a primo acchito, Fiorentino passa dal tema dell'istruzione a quello della giustizia: argomenti, in realtà, strettamente interconnessi dato che, l'educazione alla virtù e alla moralità diventava anche educazione al giusto. La giustizia era vista, dunque,

---

[13] *Ivi*, pp. 2-3. Annotazione, questa, peraltro, che doveva essere piuttosto ardita, se si pensa come, solo alcuni anni prima, Bernardo Tanucci fosse stato malamente esonerato dal suo incarico (anche se questo era il punto massimo al quale Fiorentino potesse spingersi).

come un valore etico-sociale, diritto irrinunciabile di tutti e dovere di uno Stato e, affinché non risultasse un'idea vaga, contraddit-
toria, falsa ed incerta, doveva uniformarsi all'unico assioma della
Salus hominum[14] e, anzi, Fiorentino ribadiva che la perfezione del
Governo consisteva nella precisione delle leggi, che hanno per
oggetto il pubblico vantaggio, nella loro esatta osservanza, nell'in-
coraggiamento di ogni genere di talento e di industria e nella "giusta protezione de' cittadini". In ciò Fiorentino rientrava nel dibattito riformatore napoletano di matrice filangieriana, seguito, in
quel tornio di tempo, anche dal Francesco Mario Pagano dei *Saggi
Politici*, che nel 1795 avrebbe, significativamente, scritto:

> Alle interne cagioni, che rendono debole o potente un corpo
> civile, deesi principalmente rapportare la robustezza del corpo,
> il valore dell'animo, e l'acume dello spirito. Sì fatte qualità ver-
> ranno comprese tutte sotto il capo dell'educazione [...]. Il co-
> stume adunque potendo tanto nello stabilimento della costitu-
> zione dello Stato, l'educazione, si può dire, che sia la potissima
> cagione de' varj governi; poiché da quella si forma il diverso
> costume[15].

Come per l'istruzione, perno della costituzione dello Stato, anche dal quadro delineato relativamente alla giustizia emergevano
numerose falle e disfunzioni del sistema in seno al Regno, portando, anche in questo caso, il pensatore lucano ad avanzare precise proposte finalizzate a migliorare la situazione della giustizia.
La mancanza di tribunali e magistrati nelle province era, in primo luogo, causa/effetto del sovraffollamento della Capitale, poiché, per portare avanti le cause, i provinciali si riversavano in Napoli nei tribunali di seconda istanza, provocando una sorta di loro
"discesa" nell'ozio offerto dalla Capitale, "veleno della vita" e
sperpero di denaro; cosicché, invece, di investire il denaro nel ter-

---

14 N. Fiorentino, *Principi*, cit., p. 4.
15 F. M. Pagano, *De' Saggi Politici*, vol. III, *Del civile corso delle Nazioni*, presso
Vincenzo Flauto, in Napoli, 1795, pp. 99, 102.

reno, lo si spendeva per uno stile di vita in cui il lusso faceva da padrone e, dunque, per vestiti, sete, manifatture, forestiere, per parrucchieri, sarti, meretrici, lenoni, persone "che dovrebbero andare a zappare"[16] ma che, invece, di giovare realmente alla società, la danneggiavano quali "parassiti sociali". Per quanto riguarda il lusso, se Fiorentino sarebbe stato un pervicace detrattore e oppositore di tale "veleno", Genovesi, invece, dopo un'iniziale necessità di distinguere e contrapporre la dimensione etica e quella politica, pur considerando moralmente negativi alcuni aspetti del lusso che era necessario approvare dal punto di vista economico, sarebbe approdato ad identificare il lusso con il progresso economico, in certo qual modo "benefico" nei suoi effetti di "ingentilimento" e di civiltà e, perciò, giovevole[17]. Fiorentino, assai più radicale, proponeva l'istituzione, nelle province, oltre che di solide Università degli Studi e di Accademie, anche di Tribunali, a tal proposito avanzando un progetto di "stabilimento" nelle Calabrie, nella Puglia, e negli Abruzzi di tre tribunali inappellabili, il cui operato sarebbe stato controllato da un Supremo Ministro. Fiorentino, inoltre, affermava la necessità di creare, oltre all'istituzione di tribunali a livello provinciale, altre quattro o cinque Ruote del Sacro Consiglio, di competenza più specifica, che avrebbero rimpiazzato la Vicaria e la Regia Camera. In ciò il pensatore lucano, comunque, non era il solo: Giuseppe Maria Galanti, ad esempio, proponeva, come eventuali sedi di tribunali inappellabili, oltre a quello di Napoli, le città di Chieti, Monteleone e Taranto, perché l'inevitabile decentramento avrebbe finito per ravvivare, anziché inibire, le province e ridurre le spese[18].

Grande detrimento del "sistema giustizia" era, inoltre, costituito dai subalterni, ovvio effetto della tendenza a conferire incombenze e tante responsabilità ad una stessa persona, a maggior ragione

---

[16] *RRN*, p. 5.

[17] *Illuministi italiani*, cit., p. 25.

[18] G. M. Galanti, *Nuova descrizione storica e geografica delle Sicilie*, Gabinetto letterario, Napoli, 1786, p. 274.

se essa fosse avanti con l'età: ne derivava la proposta, da un lato, di ridurre i carichi per evitare di affidare incombenze con responsabilità e conseguenze notevoli a chi non fosse in grado assolvere in modo efficiente al proprio ufficio, dall'altro, di garantire loro altri onori e confermarne i passati, perché privarli di tali riconoscimenti, in un periodo della vita in cui l'ambizione era pari all'età, avrebbe significato mortificare coloro che, dopotutto, erano professionisti di consumata esperienza.

A questo punto, Fiorentino sottolineava che sia il marchese Spiriti sia Genovesi - sebbene il primo nelle sue *Riflessioni sulle Calabrie*[19], avesse denunciato la rapacità dei birri, dei subalterni e la corruzione dei magistrati provinciali, e il secondo nelle *Lezioni* sembrasse divagare -, non avessero assolutamente trattato degli abusi d'ufficio: Fiorentino, nelle sue *Riflessioni*, avrebbe affermato che il "Giudice onesto si eccita lo sdegno del prepotente che, non solo vuol restare impunito nei suoi delitti, ma vuol con quel profittare e far servire di mezzo all'impunità"[20].

Un'altra piaga che non permetteva che la giustizia venisse convenientemente amministrata era il proliferare di denunce anonime, spesso strumento di epurazione di magistrati che avessero scavalcato le consolidate pratiche degli abusi feudali in nome di un'equa applicazione di pene rispondenti ai reati. Nei tribunali e nella vita politica, infatti, lettere e denunce anonime erano più volte ammesse, fin dall'emanazione di una prammatica – mai abrogata - di Filippo II del 17 marzo-28 aprile 1569[21]. Si ribaltava, in tal modo, con tale malcostume, la situazione, per cui un onesto magistrato, a causa di false testimonianze, vedeva la sua reputazione infangata e macchiato il suo onore, "molla" del suo operare, a tal punto da essere considerato egli stesso il reo e il colpevole

---

[19] G. Spiriti, *Riflessioni economiche politiche d'un cittadino relative alle due provincie di Calabria*, Flauto, Napoli, MDCCXCIII.

[20] *Ivi*, p. 7.

[21] P. Preto, *Persona per Hora Secreta. Accusa e delazione nella Repubblica di Venezia*, il Saggiatore, Milano, 2003, p. 32.

"e non volendosi aderire dal magistrato, è pronto un diluvio di ricorsi ciechi, con nome immaginato, e firmati; si commette l'informo che di quelli non firmati molte volte, nonostante i tanti salutari ordini del re [...] sono prontissimi gli sciami dei falsi testimoni"[22]. Spesso erano stessi gli "officiali" di grado inferiore ad ostacolare i magistrati provinciali nell'amministrare la giustizia, muovendo "cielo e terra" per bloccare l'onesto magistrato.

Essendo tale la realtà, gli onesti erano in minoranza. Fiorentino, a tal proposito, forniva un interessante esempio di origine popolare: "siano quattro [...] che giocano alle carte; tre te la vedono ed il quarto no: questi certamente sarà il perditore"[23]. Tutti avrebbero voluto, comunque, l'amicizia del prepotente, che

> ne' bisogni, nella paga del catasto, coll'amicizia del successore Governatore, coll'attuale amicizia del subalterno può recarli molto danno o utile, siccome vi è nimico o amico. E pertanto, il ragionamento cui perverrà il Novello magistrato che si era proposto di essere onesto sarà: se io fo il mio dovere [...] non lucro, spendo, m'inquieto, e resto macchiato nell'onore; se mi unisco col prepotente, accomodata la parte offesa lucro assai e sto quieto, e passo per lo prim'uomo del mondo[24].

Anzi, se, con il denaro, egli avesse lasciato impuniti i delitti, sarebbe stato lodato da tutti e apprezzato come un uomo di mondo: se fosse stato così, a far da padrona sarebbe stata l'ingiustizia alimentata dalla calunnia, che, per dirla con Tacito, citato da Fiorentino[25], abbonda sotto i cattivi principi. Anzi, il lucano sosteneva che

> essendo la nazione generalmente guasta, è difficile che onori e impegni siano convenientemente distribuiti per le mani di

---

[22] *RRN*, p. 8.
[23] *Ivi*, p. 10.
[24] *Ivi*, p. 9.
[25] *Ivi*, p. 11.

quelli per cui passano; perché questi difficilmente amano i savi, ed onesti i quali possono lor far ombra [...], da' malvagi, i quali tendono continuamente insidie agli onesti, e questi fuggono l'inquietudine e l'infamia[26].

Numerosi, in tal senso, erano i riferimenti analogici addotti dalla storia antica, tra i quali quello, celeberrimo, di Aristide[27], ostracizzato perché era dell'opinione che le rendite delle miniere sotto il controllo ateniese andassero distribuite ai cittadini, mentre Temistocle aveva dimostrato che, se le rendite fossero state divise fra tutti i cittadini, sarebbero divenute ben poca cosa, mentre la creazione di una flotta avrebbe portato benessere a tutti. Tornato dall'esilio, secondo Fiorentino si rese ben accetto lasciando indisturbate le "ruberie" pubbliche[28].

Dato che nel Regno, a causa dell'inosservanza delle "salutari" leggi sulla calunnia, si formavano innumerevoli contenziosi, al punto che non si era più in grado di distinguere l'innocenza dalla colpevolezza, Fiorentino adduceva l'esempio delle misure prese contro la calunnia dall'imperatore Leopoldo che aveva di "darsi al calunniatore almeno la pubblica frusta, e il perpetuo esilio dallo Stato", essendo la delazione, ancor prima che un'offesa nei confronti di un singolo, un'ingiuria verso il governo che aveva, come suo scopo primario, l'amministrazione della giustizia e che, pertanto, doveva fare il possibile per prevenirla, specialmente, se ne erano vittima magistrati onesti. Tuttavia, Fiorentino stesso riconosceva che nel Regno vigevano leggi attraverso le quali abbattere, dalle fondamenta, tale sistema vigente di corruzione e che non prevedevano cariche a vita né per i Mastrodatti, né per gli Erari,

---

[26] *Ivi*, p. 16.

[27] Oltre che in questo passo, Aristide è un esempio di onesto funzionario, molto caro all'autore, che lo cita anche in *RRN*, pp. 4, 16 note.

[28] Fiorentino leggeva tali considerazioni nella biografia plutarchea di Aristide, nell'edizione *Le vite degli uomini illustri di Plutarco volgarizzate da Girolamo Pompei gentiluomo veronese aggiuntevi diverse note scelte dal commento di monsieur Dacier*, presso La nuova società letteraria e tipografica, Napoli, 1784, 8 voll.

né per i luogotenenti, dato che gli incarichi perpetui erano alla base del consolidarsi dell'abuso; i subalterni, altresì, dovevano essere selezionati con zelo e premiati per i meriti, ma altrettanto prontamente puniti per i demeriti. Inoltre, Fiorentino avanzava, come ulteriore proposta, che tutti i funzionari ad essa preposti potessero essere promossi al grado superiore e che, pertanto, i Mastrodatti diventassero Governatori; i Governatori baronali e i Mastrodatti delle Regie Udienze diventassero, rispettivamente, Governatori e Giudici Regi, assegnando loro, una volta tolto ai subalterni, il disbrigo delle pratiche.

Tuttavia, anche ai magistrati Fiorentino richiedeva la stessa pedagogia dell'esempio consigliata, in precedenza, ai maestri "dovendo essi anche coll'esempio influire alla buona educazione de' Popoli, i quali [...] sono spinti dall'esempio di chi Governa soprattutto"[29]. E, al fine di motivare i magistrati nel loro ufficio, anche se partiva dal presupposto che la magistratura non dovesse essere "venale", Fiorentino proponeva di assegnare premi per consentire di operare con maggiore diligenza determinando la riduzione dei tempi delle cause: i soldi di tale premio sarebbero stati detratti dalle spese processuali. Un esempio addotto era tratto da due realtà "esemplari" quali l'Inghilterra e l'Olanda, ove il governo era, grazie ad una efficiente amministrazione della giustizia, "amato" dai cittadini, che erano, di conseguenza, più attivi, più onesti e soprattutto nella condizione di *badare alla terra*.

Dall'amministrazione imparziale della giustizia, infatti, traevano giovamento sia l'agricoltura sia le manifatture, perché a tutti veniva assicurata la possibilità di godere, soprattutto dopo la fine del sistema feudale, il frutto della propria terra e della propria fatica; una buona amministrazione della giustizia, inoltre, incoraggiava il cittadino a risparmiare e ad impiegare i risparmi per migliorare la propria condizione. In effetti, se un governo avesse costretto i debitori a pagare, si sarebbero determinati quegli "avanzi" e credi-

---

[29] *RRN*, p. 12.

ti grazie ai quali poter sviluppare l'agricoltura e le manifatture. Esempi negativi, in tal senso, erano l'Asia e, in particolar modo, l'Impero ottomano che, invece di costituire un sistema di crediti ed "avanzi", avevano determinato la perdita di capitali impiegabili a vantaggio del pubblico, con la tendenza a nascondere oro ed argento per timore che andassero perduti. Ugualmente deleteri erano stati gli effetti del governo feudale, la cui fine era stata segnata dai viaggi in Terra Santa: i ricchi, infatti, per poterli intraprendere, alienarono grandi territori, concedendo la libertà ai loro schiavi e vassalli.

3. Il commercio e la questione agraria

La questione della liberalizzazione dei capitali costituisce un ottimo snodo argomentativo per la tematica delle "arti", in una trattazione che, per il procedimento argomentativo-espositivo, per l'alternarsi di tesi, di antitesi e di argomenti a favore o contro l'una o l'altra, può considerarsi un vero e proprio saggio d'influsso paganiano sulle arti, il commercio, le rendite dello Stato e l'economia in generale.

Fiorentino partiva dall'assunto che per uno Stato civilizzato fossero utili sia le arti che l'agricoltura, cui andava accordata piena libertà. Tuttavia, per le peculiarità di clima e suolo del Regno, la migliore arte era l'agricoltura:

> Si vuole, che il clima, e i molti piaceri che si trovano in Napoli, siano la cagione di non potervisi stabilire le fabbriche, e le manifatture, perché vi si richiede, che molti continuamente, e per intere giornate vi fatighino, il che per godere dei mentovati piaceri, non può avvenire [...]. Intanto non avendo noi acquisita la destrezza ed agilità per le arti che altrove si sanno [...] è necessario che impieghiamo i nostri capitali e la nostra opera, prima nel coltivare la terra [...] e poi nelle arti, ove molta fatiga[30].

---

[30] *Ivi*, pp. 19-20.

Al fine di perfezionarla e di poter progredire in essa, al pari di altre nazioni, in altre arti, come ad esempio le manifatture, bisognava riconoscere ed ammettere la "nostra ignoranza" riguardo ad essa, e i "nostri lenti progressi"[31].

Oltre all'agricoltura, inoltre, bisognava coltivare ed incentivare le arti/attività che tendevano a perfezionarla, come il commercio e la nautica; Fiorentino proponeva, a tal proposito, da un lato di approfondire altrove la mineralogia, per utilizzare e trarre maggior profitto dalle "nostre miniere di ferro", utilissimo, altresì, in agricoltura e nella nautica; dall'altro, di apprendere l'arte di tessere le tele, specialmente in quelle zone, come gli Abruzzi, dove, a causa dei grandi freddi, si perdevano, di fatto, molti giorni di attività agricola; tale nuova occupazione, oltre a diminuire l'ozio, avrebbe fatto proprio in modo che non andassero perdute giornate lavorative. Inoltre, con tale proposta Fiorentino si mostrava grande sostenitore della specializzazione nelle arti e nelle professioni; specializzazione sovente messa in crisi da un inconveniente derivante dalla troppa "libertà" riservata alle arti:

> molti imprendono l'arte di scarpaio, di ferraro, di falegname [...] si danno pure all'agricoltura; ed oltre, che si rovinano essi, perché sono poco pratici, e perché non fanno gli avanzi necessari, ne risentono danno gli altri, non esercitandosi quelli, e non perfezionandosi nell'arte che avevano appreso[32].

L'autore proponeva, pertanto, in direzione del miglioramento dell'industria, un tirocinio e la necessità di regolamentazione al fine di evitare frodi, citando, a tal proposito, le misure adottate in Inghilterra dai sovrani per la tutela delle proprie manifatture.

---

[31] *Ivi*, pp. 18-19.
[32] *Ivi*, p. 20.

Il pensatore lucano, dunque, già nel primo "dittico" delle *Riflessioni*, si discostava alquanto dal genovesismo – solo apparente, come detto - nella trattazione dell'educazione e delle manifatture, a partire dall'esame di quelle estere, affermando che tutti i vantaggi derivanti, negli altri Paesi, dalle industrie manifatturiere, si sarebbero ottenuti anche nel Regno, se si investissero maggiori fondi nell'agricoltura che "reca maggior denaro delle arti"[33]. Già una simile affermazione, appunto, allontana notevolmente Fiorentino - appena pochi anni dopo l'appassionata e rigorosa, come si è visto, apologia delle *Lettere* - dal Genovesi del *Discorso sopra il vero fine delle lettere e delle scienze*. Il grande maestro "partiva da un testo tecnico e pratico per parlare anche lui di meccanica e di fisica, di invenzioni e di ritrovati tecnici, come il suo maestro Intieri, ma le sue parole volevano soprattutto fornire una giustificazione generale a questa riscoperta delle arti e delle tecniche, intendevano appunto far capire il perché fosse giusto ed utile considerare in quel momento al centro dello scibile non più la metafisica o la logica, ma la scienza e l'esperienza"[34].

Tale distanza da Genovesi, non esplicitamente citato, era data dal fatto che Fiorentino ritenesse che l'implementazione quasi esclusiva dell'agricoltura, più che di altre arti, avrebbe permesso una produzione agricola migliore e maggiorata, da destinare al commercio con altri Stati:

> Si vuole che le manifatture tengano impiegate moltissime persone, che si può fare maggiore divisione di fatiga e perciò maggior profitto [...]; e perciò si vorrebbero preferire all'agricoltura, nella quale oltre di non potersi fare divisione [...]. Ma quando nell'agricoltura si possono impiegare tutti, e si fa in grande; onde ne avviene la possibile divisione di fatiga: quando invece dei prodotti manifatturati si può mandare il denaro che si ricava dalla vendita delle produzioni della terra; se

---

[33] *Ivi*, p. 25.
[34] *Ibidem.*

si rifletta, che i soldati, e i Generali Romani si prendevano dall'aratro[35].

Una provocazione, sicuramente, questa proposta di maggiorazione degli investimenti agricoli rispetto a quelli manifatturieri, ma che al pensatore pomaricano serviva ad introdurre, attraverso la questione del commercio, quella dell'agricoltura, proprio nella convinzione che la pratica commerciale, nel Regno, andasse "svecchiata" e liberata per rendere il Regno concorrenziale rispetto ad altri Paesi mediterranei ed atlantici. Fiorentino, in effetti, riteneva che "la ricchezza di un Paese non consistesse nel danaro che rappresentava le merci e serviva a facilitare il commercio, ma nel sovrabbondante delle produzioni"[36].

Partendo da tali presupposti teorici, la critica fiorentiniana al mercantilismo si appuntava dal fatto che esso, da un lato, avesse come fine principale quello di aumentare la riserva monetaria di uno Stato, facilitando l'ingresso di valuta ed impedendone la fuoriuscita a mezzo di regolamenti protezionistici, dall'altro, concepiva le relazioni economiche con altri Stati non in maniera "pacifica", ma come una vera e propria "guerra" commerciale in seguito a cui "la bilancia del commercio" pendeva a favore dello Stato che esportasse di più, determinando, invece, l'impoverimento dello Stato contro il quale pendesse la suddetta bilancia: erano questi gli effetti "della totale proibizione delle merci per cui esce molto danaro o del caricarle di diritti doganali"[37].

Fiorentino, in linea con Montesquieu e Hume, non credeva, in effetti, nell'esistenza *concreta* di un tale antagonismo economico, in quanto ogni Paese aveva proprie peculiarità naturali, proprie attitudini e, dunque, le relazioni economiche tra due o più Stati si basavano sulla compensazione e sul completamento interattivo derivante da scambi pacifici, vantaggiosi per chiunque li praticasse.

---

[35] *Ivi*, pp. 25-26.
[36] *Ivi*, p. 23.
[37] *Ivi*, p. 30.

Il carattere continuativo di tali interscambi e dei loro commerci reciproci, favorito dalle diverse condizioni climatiche, ambientali e culturali sarebbe stato garantito fino a quando esse sarebbero rimaste in condizioni operative e produttive, perché la richiesta di manufatti di sempre migliore qualità sarebbe aumentata proporzionalmente alla diffusione ed affermazione della civilizzazione e della ricchezza. Se tali Stati, da un lato, traevano numerosi vantaggi dalla vendita del gran numero di mercanzie di cui disponevano, dall'altro, ricevendo abbondante importazione da tutti i Paesi esteri, ne incoraggiavano l'industria: un commercio così concepito, lungi dalle dottrine mercantilistiche precedenti, conduceva alla pace, garantita dal soddisfacimento di bisogni reciproci, laddove uno Stato aveva interesse a comprare, l'altro a vendere.

Da questa nuova politica - e non da quella mercantilistica - l'agricoltura avrebbe tratto numerosi vantaggi; una maggiore libertà nella produzione e nello scambio di prodotti agricoli e l'assenza di ostacoli nella vendita all'interno o all'esterno di ciascuno Stato erano i presupposti della fisiocrazia, vista come una dottrina in grado di rovesciare ed abbattere i pilastri del vecchio sistema mercantilistico da Fiorentino, peraltro alquanto sensibile a queste istanze, come risulta evidente dal fatto che ritenesse che la ricchezza di un Paese non consistesse nel danaro, pur sottolineando che la totale abolizione dei dazi doganali per i prodotti importati, secondo quanto suggeriva la dottrina fisiocratica, avrebbe messo in crisi le aziende del Regno, a causa dell'abbassamento dei prezzi di vendita dei prodotti stranieri, peraltro di qualità migliore. Da tale crisi, però "i nostri artefici potrebbero essere indotti a perfezionare le loro manifatture, e quelli che si trovano impiegati i capitali nelle manifatture ed assuefatti ad un genere di negozio, introdurrebbero probabilmente le fabbriche simili all'estero"[38]: dal rischio di chiudere sarebbe potuto derivare, in clima di concorrenza, un rinnovamento.

---

[38] *Ivi*, pp. 22-23.

> Al fine di poter incentivare il commercio della sovrabbondanza
> di prodotti agricoli, derivanti da una agricoltura concepita co-
> me la principale arte del regno, occorrerebbe incentivare la ma-
> rina, perché la maggior parte delle derrate è concentrata nelle
> città di mare, luogo di approdo di grandi bastimenti del com-
> mercio internazionale [...], non già nel nostro Regno, il quale
> essendo una penisola, e poco timore avendo per via di terra, ci
> dee far rivolgere a mezzi necessari per l'aumento della mari-
> na[39].

Partendo, come sempre, dalla contingente situazione del Regno, Fiorentino smontava assunti e principi generali validi per altre realtà: affermando, infatti, che Napoli non sembrasse adatta alle mercatura e al commercio a causa del sovraffollamento "poiché dimorandovi molte persone", smentiva la diffusa teoria secondo cui, invece, "le città grandi, specialmente se sono sul lido del mare o su un fiume navigabile, accrescono il commercio perché quasi tutte le contrade manderanno le loro derrate a vendervi"[40], il che poteva essere una delle "cagioni del Grande commercio d'Inghilterra e del piccolo della Spagna; giacché nella prima vi è Londra che ha circa 800.000 abitanti, in Spagna c'è Madrid che ne fa 300.00"[41]. Ancora una volta, criticando il sovraffollamento di Napoli, il pensatore lucano affermava che grandi metropoli come Londra potevano favorire il commercio e la manifattura, perché l'affluenza di gente in esse era effetto delle buone leggi e non nasceva, come succede per Napoli, dal difetto di queste: in effetti, "in Inghilterra vi sono le Università di Oxford e Cambridge; e le cause criminali si decidono"[42].

Con l'anastrofe del verbo "credono"[43], Fiorentino metteva in risalto che gli inglesi pensassero di avere una posizione ottimale ta-

---

[39] *Ivi*, p. 26.

[40] *Ivi*, p. 27.

[41] *Ibidem*.

[42] *Ibidem*.

[43] *Ivi*, p. 28.

le da garantir loro il "seggio" del commercio e dell'esportazione
dei prodotti manifatturieri; tuttavia, l'autore riteneva che per la
fertilità del suolo, per la grande estensione delle coste marittime e
dei fiumi navigabili, per la dolcezza del clima che riduceva i periodi di "perigliosa navigazione" e per il fatto che si potesse attraversare da oriente ad occidente, il Regno di Napoli, se non si poteva considerare il principale tra tutti i Paesi europei, almeno non
era superato da alcuno.

Il commercio, soprattutto marittimo, giovava, in effetti, in modo sostanziale all'agricoltura, perché nei mercati esteri si potevano
vendere le derrate a miglior prezzo e perché esso ne facilitava lo
smercio; il commercio marittimo era, inoltre, non solo veicolo di
merci ma anche di arti e scienze che, oltre a mettere uno Stato
nello stato di difesa e di "timore" dell'altro, portavano ad un miglioramento delle condizioni di vita grazie a strumenti atti ad alleviare e dividere la fatica, ad accrescere e migliorare le produzioni.
Sicché Fiorentino, come aveva fatto per maestri e magistrati onesti, si faceva sostenitore del conferimento di premi quando favorissero attività utili per il pubblico vantaggio: stando così le cose,
date le circostanze locali, nel Regno bisognava prevedere incentivi
per la navigazione e l'agricoltura.

Fiorentino delineava, inoltre, la differenza tra i negozianti da un
lato e i coloni, proprietari terrieri, dall'altro: i primi "danno il tuono alle nazioni in materia di leggi economiche"[44], da loro studiate:
essi progettavano, pianificavano e, in gran parte, occupavano cariche governative, mentre i coloni e i proprietari "poco conoscono i loro interessi"; pertanto gli interessi degli uni erano del tutto
diversi da quelli degli altri. I negozianti accrescevano la loro rendita con la prosperità dello Stato, la cui maggiore richiesta di produzioni naturali e "di fatica" faceva crescere i prezzi dei prodotti
agricoli; il monopolio dei negozianti era, comunque, contrario al
bene pubblico per la tendenza ad accentrare i capitali sottraendoli

---

[44] *Ivi*, p. 32.

a quelli agricoli e, spesso, "quando cioè essi vogliono estrarre il sovrabbondante delle produzioni e delle manifatture del Paese"[45], tale progetto collideva con la pubblica utilità e avrebbe creato i presupposti per un protezionismo che Fiorentino criticava aspramente, soprattutto con l'esplicito riferimento all'Inghilterra, i cui errori in materia economica nascevano, più che altro, dall'ignoranza, spesso, dei componenti la Camera dei Comuni, "poco versati nella teorica del commercio"[46].

Inoltre, Fiorentino dichiarava esplicitamente di essere contrario al proibizionismo/protezionismo, di cui enumerava gli aspetti negativi e nocivi per l'economia di un Paese:

> chi vende le merci ne vuole il prezzo che ritrova in altri Paesi e nell'atto di consegna, e tutte le derrate e manifatture alzano di prezzo [...], le produzioni di altri Paesi faranno a minor prezzo; onde le altre Nazioni venderanno le loro merci a miglior prezzo che non si possono vendere nel Paese e perciò si diminuiranno le proprie ove consiste la vera ricchezza[47].

I vantaggi, invece, della libera circolazione della moneta erano numerosi e fra essi vi era, per esempio, quello di poterla convertire in manifatture, nella sussistenza e in strumenti per l'agricoltura e la riduzione dei prezzi.

I tributi erano, a detta di Fiorentino, strettamente connessi al commercio, alle arti ed alla stessa agricoltura. In base a tale perno concettuale, il pomaricano metteva in chiaro due punti già presupposti dal contratto sociale. In primo luogo, che tutti erano soggetti a tributi da corrispondersi in proporzione alle proprie facoltà e, inoltre, che i tributi dovevano essere pagati nella maniera più comoda per chi pagasse e più utile e meno dispendiosa per lo Stato; per tale ragione, essi dovevano essere non arbitrari, esatti in maniera rapida e pagati possibilmente nel periodo della raccolta o

---

[45] *Ivi*, p. 34.
[46] *Ibidem*.
[47] *Ivi*, p. 39.

a poco a poco "nell'atto del consumo", perché ci si può privare del poco, ma non del molto; si dovevano, altresì, pagare per tutte le spese necessarie alla difesa interna ed esterna e per il bene pubblico e non dovevano essere un deterrente per l'agricoltura e per le manifatture, specialmente non di lusso.

Fiorentino, a tal proposito, era, invece, favorevole alla tassazione delle manifatture di lusso tra cui la seta, che danneggiava l'agricoltu-ra perché, comportando un minor utilizzo della lana, faceva trascurare la pastorizia e, di conseguenza, diminuire la produzione del concime fondamentale per l'agricoltura. Fiorentino si mostrava, inoltre favorevole alla tassa fissa sull'agricoltura piuttosto che alla decima, dato che essa impediva, da un lato, che parte della rendita venisse impiegata per costituire gli "avanzi" necessari ed utili al terreno, dall'altro di godere degli interessi accumulati. Il tutto in una polemica non troppo velata con la pratica della decima delle chiese ricettizie meridionali[48].

Erano, altresì, deleterie le dogane interne sui viveri e sul vestiario dei poveri e tutte quelle interne ed esterne sui prodotti di poco volume perché, dovendosi pagare da parte dei non possidenti, comportavano la diminuzione della sussistenza, della popolazione, dell'agricoltura e delle manifatture.

All'abolizione totale delle dogane, però, si opponeva la vendita degli arrendamenti, non di piccole somme, fatta, per bisogno dello Stato, ai privati e, quando con il tributo sulle terre si compensasse la rendita sugli arrendamenti, ci si sarebbe potuti persuadere che la migliore tra tutte le tasse fosse quella sulla casa, certa, percepita in vari pagamenti ed a mezzo di pochi ufficiali. In tale direzione Fiorentino supportava la proposta di tassare, in Napoli, le case palazziate, pur evidenziando che, anche se i grandi palazzi napoletani potevano essere maggiormente tassati, si sarebbe dovuti dividere la tassa in più parti in modo che la tassa sia pagata da

---

[48] Sull'argomento, cfr. A. Lerra, *Chiesa e società nel Mezzogiorno. Dalla "ricettizia" del sec. xvi alla liquidazione dell'Asse ecclesiastico in Basilicata*, Osanna, Venosa, 1996, pp. 28-38.

più inquilini, il che sarebbe stato di notevole utilità per costruire fabbricati più piccoli in Napoli ed ovviare al problema del sovraffollamento.

Le dogane, invece, sui prodotti di lusso come sullo zucchero, caffè, cacao, spezie, seterie dovevano rimanere così com'erano sia per evitare problemi alla produzione interna, sia per una questione "morale", evitando l'eccessivo lusso.

L'imposizione di tasse sarebbe stata conveniente quando alcune derrate, dunque, non crescessero in maniera proporzionale alla domanda, a causa, soprattutto, della mancanza di terreni: Fiorentino ribadiva, infatti, che le nazioni agricole, che avevano bisogno di manufatti ed altri prodotti esteri, non potevano applicare un livello di imposizione doganale troppo alto perché più sarebbe stato alto il prezzo delle derrate importate, tanto più per acquistarle sarebbero stati necessari prodotti interni.

Anche la tassazione sulle manifatture interne doveva, quindi, essere contenuta per evitare un aumento dei prezzi a discapito dell'agricoltura: per esempio, se con la dogana si fosse stati costretti a vendere la lana a basso prezzo, si scoraggiava la pastorizia, verificandosi una condizione di aumento del prezzo della carne per compensare il basso prezzo delle lane. Inoltre, partendo dal presupposto che tante più erano le rendite del sovrano tanto minori sono le imposizioni al popolo, egli suggeriva, probabilmente anche in modo assai provocatorio vista la radicalità delle proposte, l'abolizione di tanti "conventini", degli Erari regi nei centri allodiali, l'abolizione della Giunta di cassa Sacra e di quella di Corrispondenza e di affidarsi ad amministratori locali con uno stipendio fisso che ammontasse, proporzionalmente agli incomodi, a trenta e non a trecento ducati.

Lo snodo tra il tema dei tributi e quello successivo dell'usura è costituito dalla riflessione, da parte dell'autore, secondo cui sarebbe stato opportuno che chi non fosse versato nel commercio desse i suoi capitali a chi, invece, l'esercitava. In una nota a tale pensiero, Fiorentino accennava al tema del conflitto d'interesse, sostenendo che sarebbe stato bene che chi partecipava al governo dello stato non si dedicasse al commercio perché, premettendo il proprio interesse, avrebbe potuto emanare leggi *ad personam*. A conclusione di tale annotazione, l'autore rimarcava, altresì, la gravità del pregiudizio in base al quale il commercio non si addicesse ai nobili, sottolineando che, invece, i nobili avevano i mezzi per apprendere ed istruirsi bene nei principi che regolano la "mercatura" che sarebbe stata, a sua volta, un ottimo antidoto al vizio.

Con l'affermazione che è utile che la povera gente avesse a "credenza" ciò di cui aveva bisogno e che non bisognasse permettere che l'usura la impoverisse ulteriormente, Fiorentino cominciava la sua mini-trattazione sul tema, per l'appunto, dell'usura, di cui, per facilitare il lettore nella comprensione dell'argomento, forniva una definizione: "per usura generalmente s'intende l'interesse del denaro maggiore di quello suol pagarsi da' debitori comodi", chiarendo, inoltre, cosa si intendesse per *fondo*, *rendita* ed *interesse*: "l'utile che ne paga al padrone, si chiama interesse, il quale perciò deve essere minore de' profitti; e questo è il giusto interesse"[49].

Essendo tale questo interesse, il Governo avrebbe dovuto proteggere i contratti che lo prevedevano e rendere validi tutti i contratti di prestito a privati, con l'interesse anche alquanto maggiore del suddetto, se ne derivava un vantaggio certo allo Stato stesso, a maggior ragione perché, se tali contratti si fossero proibiti, la gente che avesse bisogno di denaro, comunque, sarebbe ricorsa ad essi per non alienare i propri beni.

L'"eclettismo conoscitivo" del Fiorentino lo portava, altresì, ad affrontare il tema del potere d'acquisto e dell'interesse del danaro e a smentire, ad esempio, credenze della più parte degli "intendenti di Economia", secondo i quali l'interesse del denaro aveva subito un calo dopo la scoperta del Nuovo Mondo. Per il nostro, la variazione dell'interesse del denaro non era legata alla sua quan-

---

⁴⁹ *RRN*, p. 51.

tità ma a quella delle merci che rappresentava: infatti, l'incremento della quantità di denaro comportava la diminuzione del suo valore, ma ciò non voleva dire che con più moneta, in un caso, e con minor moneta, nell'altro, si avesse la stessa quantità di merce. L'esempio della Spagna e del Portogallo ribadisce quanto egli aveva affermato in precedenza[50], cioè che la ricchezza di un Paese non consiste nel denaro: infatti, sebbene, in questi due Paesi esistesse "più moneta", l'interesse non era maggiore di quello d'Inghilterra e d'Olanda e, pertanto, regolato dall'utile derivante dal commercio e dalla quantità delle merci e la sua diminuzione sarebbe stata conseguente alla crescita delle merci e della prosperità di uno Stato.

È proprio nel rendere florido lo Stato, diminuendo il bisogno, l'ozio e i vizi che Fiorentino riconosceva un mezzo per prevenire l'usura. Fiorentino, volgendo la sua attenzione alle proprietà ecclesiastiche, proponeva nuovamente la soppressione dei conventi, di cui piccoli appezzamenti, a modico censo, sarebbero stati concessi ai poveri, e ugualmente si sarebbe potuto procedere per i luoghi pii; le elemosine, poi, sarebbero state concesse agli artigiani, ai marinai e agli agricoltori in difficoltà finanziarie. Relativamente alla ricorrente proposta di conferire premi ai meritevoli, Fiorentino, da un lato, suggeriva di premiare i sacerdoti locali "più costumati ed elemosinieri"[51], dall'altro, di premiare i ricchi [*meritevoli*] (anche se non si fa alcun riferimento alla ragione di tale premio) con onori e non con danaro al fine di evitare l'accrescersi dell'ineguaglianza delle ricchezze, riconosciuta come uno dei mali peggiori. Fiorentino, infatti, denunciava, da un lato, la tendenza dei possidenti a degenerare nell'ozio, nei vizi e, nel peggior caso, nei delitti, perché essi non avevano convenientemente indirizzato ed investito i loro capitali nell'agricoltura, nelle manifatture e nel commercio e, dall'altro, la situazione dei poveri, oppressi dalla fatica e costretti ai delitti dal bisogno: "e bisogna notare che quando

---

[50] *RRN*, p. 23.
[51] *RRN*, p. 56.

i ricchi non curano l'agricoltura, le manifatture e il commercio possono disprezzare ed opprimere chi l'esercita, e ne può nascere l'ozio generale, perché il Popolo imita chi fa, ed ha"[52].

La rovina di una Nazione corrotta, perché aveva fatto del denaro il suo unico principio motore, derivava dal non utilizzare tale capitale per premiare chi le avesse recato vantaggio. È con tale affermazione che si chiudeva, dunque, la prima parte della trattazione "a dittico" che, alla stregua di una *ring composition*, ripresentava, nella sua parte finale, temi che ne avevano caratterizzato l'apertura. E così, Fiorentino individuava nell'educa-zione, nelle arti e nelle scienze ed anche nell'agricoltura e nel commercio, che non erano un ostacolo all'applicazione letteraria, il più grande dono che i genitori avrebbero potuto fare ai propri figli, dono che avrebbe dato loro la "vera felicità" in quanto ne sarebbe conseguito, con un'applicazione e fatica "del modo più aggradevole"[53], l'allontanamento dall'ozio.

A chiudere il capitolo e, in generale, la prima parte dell'opera, propedeutica alla trattazione più tecnica, era il tema dell'"ammaestramento morale" derivante dalla fatica con, ancora una volta, l'esempio dell'Inghilterra, ove la regina Elisabetta, avendo ordinato che ogni uomo, dai tredici ai sessanta anni, senza beni, senza lavoro senza genitori o di povera famiglia "potesse essere forzato di entrare per un anno al servizio del primo colono od economo della sua Provincia, da cui fosse cercato", aveva fatto in modo che "tutti di ogni età e sesso faticano e le pastorelle non lasciano mai il fuso"[54].

Su tali presupposti di tipo commerciale e fiscale, Fiorentino passava alla trattazione agronomica, volta a rendere in modo semplice la popolazione "culta in agricoltura" e, nonostante un caleidoscopio di informazioni e di tecnicismi relativi all'"economia rustica", sembra voler fornire un modello ai manuali di agricoltura

---

[52] *RRN*, p. 57.

[53] *Ibidem.*

[54] *RRN*, p. 59.

proposti dall'autore nella trattazione relativa all'educazione, dato che egli suggeriva esempi pratici, spiegando passo dopo passo i procedimenti di vari "esperimenti" relativamente alle terre ed alle colture. In tal modo, attraverso un'ap-parente rapsodicità, in modo pratico si cercava di trattare la scienza agronomica a 360 gradi, considerando, altresì, la sua influenza sulla pastorizia e sulla demografia. Restando, altresì, fedele al principio fiorentiniano che le cose utili vadano ripetute, non mancavano continui richiami alle sue opinioni e teorie circa l'economia atta a smorzare e ad alleviare "il tecnicismo della rustica trattazione".

Secondo Fiorentino, il capitale impiegato in agricoltura era immune da frode e meno soggetto a pericoli rispetto ai capitali impiegati nel commercio; inoltre, la dolcezza e la salubrità della campagna dovevano spingere ad investire in agricoltura, come quasi tutti i provinciali e molti di Napoli facevano, nonostante l'esperienza dimostrasse che nessun agricoltore si fosse arricchito e molti commercianti avevano fatto "gran fortuna". Poiché la maggior parte dei terreni era in possesso della manomorta e molti di essi erano feudali, infatti, era poca la possibilità di poterli comprare, seppure il capitale investito per l'acquisto non avrebbe garantito la stessa rendita, dando lo stesso ad interesse. Il mancato progresso in agricoltura era, dunque, dovuto alla sua scarsa rendita che non permetteva di attuare miglioramenti nelle coltivazioni dei terreni e scoraggiava gli investimenti, al che si sarebbe potuto rimediare dando in fitto i terreni della manomorta, pur se ciò, allo stesso tempo, non doveva essere a breve termine e affidato a persone senza capitali per evitare di vanificare effetti positivi.

Fiorentino riteneva, altresì, che si sarebbe dovuto ordinare, o quantomeno introdurre, l'uso di affittare i terreni a lungo termine, per non meno di dieci anni; che nel governo delle Università, di alcuni paesi, e nei parlamenti di altri, non ci fossero sempre i soliti nobili e gruppi dirigenti a regolare l'ammini-strazione cittadina, che fosse più giusto che intervenissero a votare tutti i possessori o "fittaioli per venti anni di territori che rendono almeno ducati venti l'anno a norma del catasto"[55], affinché gli stessi assicurassero *concreti* investimenti nell'agricoltura.

In questo ambito era, altresì, presente molta ignoranza: non si conosceva, infatti, a fondo la natura dei terreni e la possibilità di "mescolarli" per poterli migliorare. Tale "miscuglio" rendeva la terra più idonea a ricevere e a distribuire gli "agenti della vegetazione e dell'atmosfera" su quattro tipi principali di terre, quali la sabbia, la creta, la terra vegetabile e l'argilla, anche se non solo la terra concorreva allo sviluppo della vegetazione, ma anche l'acqua, il calore, l'aria, i residui animali e vegetali (specialmente con la "parte oleosa"): l'assenza di uno di questi componenti sviluppava una vegetazione imperfetta. Tuttavia, tra tutte le tipologie di terreno, contribuiva alla buona vegetazione quella vegetabile (*humus*) che derivava dalla decomposizione soprattutto di residui animali e dava origine ad un "sugo o acqua saponacea"[56], composta da sali, parti oleose, da terra solubile e acqua che, assorbita dalle radici, saliva attraverso i canali delle piante per portarsi nelle foglie. Lo scopo della coltura era proprio di avere molto "sugo" idoneo alla vegetazione e di farne salire quanto più possibile nelle piante: per tale scopo risultavano necessari l'aria, i concimi, il calore, l'acqua e il lavoro che, rendendo più friabile il terreno, permetteva alle radici di estendersi e di assorbire più "sugo" e, qualora il terreno non fosse idoneo alla vegetazione, bisognava intervenire per migliorarlo. Infatti, se esso risultasse sabbioso, molto permeabile all'acqua, bisognava mescolarlo con la creta che tratteneva maggiormente l'acqua e la rendeva disponibile alle radici. Viceversa se fosse costituito da creta od argilla.

L'autore specificava che si tratta dei cosiddetti "concimi *meccanici*, a differenza di quelli *salini*, come la calce e il gesso, la cenere e la marna, dei *vegetabili* e dei *residui animali*"[57]. Questi ultimi giovavano alla vegetazione, da un lato, perché i loro costituenti erano

---

[55] *RRN*, p. 60.
[56] *RRN*, p. 65.
[57] *RRN*, p. 67.

affini a quelli delle piante stesse (sostanza oleosa), dall'altro perché, mischiati con la terra, la rendevano più soffice, dando adito alle radici e alle meteore di penetrarla; tali concimi risultavano utili, in particolare, alle terre molto cretose su cui era bene, subito dopo la mietitura, interrare con una profonda aratura la "ristoppia", oppure bruciarla sotto la creta tagliata "a fette" e distribuire la terra calcarea così prodotta sul terreno rimanente.

Non tutte le piante, con le radici, arrivavano alla stessa profondità nel terreno: quelle che non sprofondano in esso, ma rimangono in superficie erano il grano, l'orzo e l'avena, mentre altre, come il trifoglio e l'erba medica con le radici arrivavano a maggior profondità. Rimaneva, perciò, utile alla vegetazione, secondo Fiorentino, alternare la coltivazione del grano o dell'avena con quella dell'erba medica o trifoglio che avevano anche il vantaggio di liberare il terreno dalle erbe infestanti privandole dell'aria e dei raggi solari. Invece non si doveva mai alternare il grano all'avena o all'orzo, perché si nutrono degli stessi succhi del grano, estendendo le radici allo stesso modo.

Per ottenere i concimi vegetali, allo stato di polvere, occorreva depositare in una buca foglie, paglie inutili o impiegate per lettiere dei bestiami, le immondizie dell'abitato, le ceneri della lisciva, le fecce dell'uva e la sansa delle olive, la frutta guasta e per ogni strato di questi resti, dell'altezza di due palmi, frapponendovi uno strato di terra dell'altezza di un quarto di palmo, ripetendo la stessa operazione fino ad arrivare alla superficie che sarebbe stata coperta con mezzo palmo di argilla. Tali resti, ammucchiati e umettati, fermentavano e si riducevano in terriccio che, prima di distribuire sul terreno, poteva essere mischiato con lo stallatico di cavallo o di altri quadrupedi, o con gli escrementi di uccelli; l'esperienza dimostrava che era, comunque, utile non usare lo stallatico fresco ma quello "consumato", perché il primo, per mancanza di fermentazione, non aveva sviluppato i "principi oleosi e salini" e, perciò, avrebbe potuto danneggiare la vegetazione bruciandola. Allo stesso modo, per evitare l'evapora-zione delle parti oleose dei concimi, non bisognava esagerare nelle arature: facevano eccezione le terre cretacee o argillose che necessitavano di qualche aratura in più per dividere le particelle compatte, mentre quelle sabbiose richiedevano qualche aratura in meno per evitare l'evaporazione dell'acqua. Comunque, le lavorazioni continue del terreno con l'aratro[58] o con la zappa giovavano alle coltivazioni perché eliminavano le "mal'erbe", come ad esempio la gramigna, che, con le sue poderose radici, se non continuamente eliminata, si insinuava in profondità: il che era possibile coltivando la terra a bambagia o a fava, perché tali piante, a differenza delle altre colture, necessitavano di frequenti lavorazioni che contribuivano ad eliminare dalla radice la gramigna.

> Ma il popolo è poco atto a fare nuove, esatte e non facili esperienze; e non è capace di comprendere alcuni universali rapporti, specialmente di cose che sembrano dissimili; ed il vantaggio apparente, o del momento, inganna anche i savj[59];

così esso non riusciva a comprendere quando bisognasse far riposare le terre e a quali tipi di colture destinarle. Sicché si proponeva, a tal scopo, di adottare una opportuna rotazione delle colture, alternando le "sfruttatrici" (quali grano, orzo e avena) alle "miglioratrici" (trifoglio, fava, bambagia) e prevedendo periodicamente il maggese.

Intanto, per non perdere l'erba che si sviluppa sui terreni si sarebbe dovuta incrementare la pastorizia, introducendo l'allevamento di ovini e caprini, anche per migliorare la qualità e la varietà dell'alimentazione ed evitare l'abuso di cibi vegetali, che portava ad una debolezza cronica e a frequenti episodi di gravi intolleranze. Il consumo del cibo animale conveniva, agli agricoltori,

---

[58] A tal proposito, Fiorentino proponeva, sulla base di calcoli fisici e matematici, l'introduzione di un più moderno aratro "messo a punto in funzione della trazione equina". M. Morano, *Storia di una società rurale. La Basilicata nell'Ottocento*, Laterza, Roma-Bari, 1994, pp. 213-235.

[59] *RRN*, p. 76.

dunque, perché gli altri ne facevano motivo di spesa ma, in base a sperimentazioni rilevate dall'autore, anche questa si superava. Una famiglia, riducendo notevolmente la quantità di pane che, da solo, nell'alimentazione poteva risultare nocivo, avrebbe superato la difficoltà in ordine alla spesa della carne, acquistandone una quantità ridotta: un'alimentazione con poco pane, foglie crude o cotte, condite con brodo della stessa carne e con poco grasso, avrebbe fornito un cibo più completo, sano, sostanzioso e con risparmio:

> se per es. sono cinque in famiglia, tre quarti di rotolo di carne, un rotolo di pane, un grano di grasso, quattro foglie, e il fuoco che poco o nulla costa a' campagnoli, loro somministrerà un vitto più grato, e più sostanzioso, e col risparmio di grani tre e mezzo, che se si cibassero di quattro rotoli di pane solamente[60].

Coltivando, inoltre, i terreni sempre a grano, a biada e ad orzo (piante sfruttatrici), per i motivi anzidetti, essi si impoverivano di nutrienti, scoraggeranno l'allevamento del bestiame "e mangiando in abbondanza buon'erba, gli animali tutti saranno atti al macello, e meno soggetti alle infermità e mortalità che sogliono molestarli e diminuirli, specialmente per lo cattivo e scarso cibo; e si sa che una femmina salvata produce utilità grandissima, a cagione della fecondazione, la quale aumenta da giorno in giorno"[61].

Il progresso dell'agricoltura, chiariva Fiorentino, non dipendeva dall'incremento dei essa ma nei progressi che si fanno nel coltivare la terra, nella divisione del lavoro, e nell'invenzione delle macchine che la rendono più facilmente lavorabile, determinando, inoltre, l'andamento dei prezzi dei loro derivati e, con l'aumento dei capitali, sarebbe cresciuto il loro impiego e, di conseguenza, o si sarebbe offerto più lavoro a maggior prezzo, consentendo, altresì, un maggior "numero di maritaggi e il numero e la sussisten-

---

[60] *RRN*, p. 89.
[61] *RRN*, p. 96.

za de' fanciulli, e di ogni altro, o sia la popolazione"[62]. Molta importanza l'autore dava alla diversificazione delle coltivazioni realizzate in agricoltura e all'educazione della gente a nutrirsi di cibi diversi (sia animali, sia vegetali) per non incorrere nelle stesse catastrofi del 1764 nel Regno e nel 1770 nel Bengala, quando, a causa di una prolungata siccità, la mancanza del grano e del riso aveva determinato perdite notevolissime.

Nell'ultima parte delle *Riflessioni*[63], Fiorentino analizzava, infine, in modo dettagliato alcuni temi, come la semina del grano, l'aratura, la sistemazione dei terreni, le caratteristiche delle siepi e molte pratiche agricole, affrontati nelle parti precedenti e riconsiderati alla luce del trattato già citato del Guidi.

L'opera, dunque, evidenzia una libertà di pensiero notevolissima in Fiorentino, che si pose come una sorta di "opinionista", più che un compiuto pensatore. Tuttavia, "la consapevolezza della necessità di risanare il Paese attraverso un vasto programma di governo del territorio e di rilanciarne l'azione riformatrice e innovatrice attraverso la maturazione di una nuova cultura e di una nuova pratica politico-istituzionale"[64] fanno delle *Riflessioni* un *trait d'union* tra l'ormai morente riformismo di matrice genovesiana - che Fiorentino, icasticamente, "uccideva" in un vero e proprio "genovesicidio"[65] - e i tempi nuovi dell'azione "giacobina".

---

[62] *RRN*, p. 122.

[63] *RRN*, p. 139.

[64] S. Lardino, *I saperi tecnici*, cit., p. 345.

[65] *Ibidem.*

Considerazioni conclusive

Da quanto si è detto Fiorentino, pur cugino di Francesco Lomonaco ma, a differenza del più democratico parente, "cauto seguace di libertà", è stato a torto, forse proprio per certe sue cautele argomentative o, forse, per letture superficiali della sua opera, spesso ingabbiato nelle strettoie del riformismo illuminato, per cui la sua parabola biografica e culturale non è stata adeguatamente analizzata. Si trattò del percorso di un intellettuale votato *anche* agli studi giuridici, ma con un occhio attento, che fruttò acute considerazioni, sul tema delle riforme economiche che bisognava attuare per il benessere dello Stato.

Un intellettuale che si potrebbe definire organico perché, pur pienamente inserito nel *milieu* scientifico-letterario dell'epoca, fu in primo luogo un vero genovesiano, ponendosi come servitore dello Stato tramite opere in cui agisce come uomo di pensiero, di riflessione e, soprattutto, di provocazione acuta, lucida ed efficace. Poco premiato, di fatto, dall'amministrazione borbonica, Fiorentino ebbe presente il dovere dell'intellettuale riformatore nella società: sapere *per fare* e per imporre nuovi modelli etici fondati sulla meritocrazia.

Soprattutto nelle *Riflessioni sul Regno di Napoli* egli si pose come sostenitore convinto dello sviluppo agricolo, risorsa principale del Regno, che andava, però, collocata nel più generale contesto dell'organizzazione economica complessiva.

Le *Riflessioni*, ed in genere tutta l'opera fiorentiniana, nonostante il loro intento divulgativo-pedagogico, risultano di non facile lettura per l'utilizzo di un linguaggio settoriale, di tecnicismi e di concetti appesantiti da una particolareggiata ed accuratissima conoscenza degli argomenti, cose che non sempre permettono di penetrare a fondo il pensiero dell'autore. L'opera può essere definita una sorta di "scatola cinese" contenente mini-saggi su questioni nodali del Regno, quali l'educazione, la giustizia, l'economia e l'agricoltura: all'analisi di ciascuno di questi aspetti seguivano delle proposte concrete, nate dal sincero interesse dell'autore per "debellare" l'ignoranza alla base di essi e che non permetteva al Regno di decollare.

Tuttavia, queste mini-trattazioni non sono delle monadi: ognuna porta in sé l'eco della precedente, tutte si facevano latrici di un chiaro messaggio da parte dell'autore, ossia che il Regno dovesse investire in quella che sembrava al lucano l'unica vera "scienza ed arte" ad esso adatta, l'agricoltura. Affinché ciò avvenisse era di assoluta necessità l'efficienza del sistema educativo, della Giustizia, dell'economia e della stessa prassi agricola.

Con una notevole modernità, Fiorentino presentava proposte - anche azzardate - di politica fiscale, di promozione dell'agricoltura, di sviluppo delle manifatture e del commercio, di regolamentazione dei circuiti monetari e bancari, di riassetto e gestione del territorio.

Posizioni che riflettevano, comunque, il fatto che "la politica economica e finanziaria del governo è veramente intesa non come un mero strumento per accrescere le entrate delle Stato, ma come una vera e propria leva di sviluppo economico del paese, secondo obiettivi di perequazione anche territoriale e di sostegno alle varie classi produttive"[1].

Fiorentino si connota spesso proprio per l'originalità delle sue proposte e per la libertà del suo pensiero, anche nei riguardi del maestro, ideale o reale che fosse, ossia Antonio Genovesi, con una dichiarata libertà espressiva e teorica che è tipica, come detto, del pensatore lucano e che spesso lo portò anche a teorizzare qualche ipotesi eccentrica ed avanzare qualche proposta azzarda-

---

[1] R. Giura Longo, *I lucani nel dibattito prerivoluzionario a Napoli*, in *L'età rivoluzionaria e napoleonica in Lombardia, nel Veneto e nel Mezzogiorno: un'analisi comparata*, a cura di A. Cestaro, Osanna, Venosa, 1999, p. 256.

ta, nella direzione per cui "deesi il vero preferire ad ogni umano riguardo"[2].

In realtà, nelle *Riflessioni* molte proposte del Fiorentino non raggiungono una forma progettuale compiuta e, quindi, bisognerebbe leggerle come indicazioni possibili, che avrebbero potuto trovare concreta attuazione nel lungo periodo[4], nell'ambito di una teorizzazione economico-statistica tipica della sua formazione matematico-giuridica. E, comunque, egli fu consapevole della necessità di risanare il Paese con un vasto programma di governo del territorio, rilanciando l'azione riformatrice - ancora nel 1799 - attraverso la maturazione di una nuova cultura e di una nuova pratica politico-istituzionale, orientate dal democratismo repubblicano, da lui sostenuto fino al sacrificio estremo, il che fa di Fiorentino uno studioso di modernità reale e spesso sconcertante.

---

[2] *RRN*, pp. 186.

I. Prefazione del
Saggio sulle Quantità infinitesime[1]

Appena per motivo di salute giunsi qui in Napoli nello scorso mese di Novembre, che mi fu detto esservi stata in una pubblica adunanza letteraria una certa briga tra un Professor di Matematica, e 'l P. Cavallo, che faceva difendere alcune proposizioni di Fisica contrarie alle già ricevute; e che di alcune di queste S.E. il Marchese Caracciolo, glorioso Viceré di Sicilia, come quegli, ch'è ben inteso delle vere scienze, ne avea dimandato a due sommi Geometri d'Europa; e che le risposte di questi per mezzo dell'intimo mio amico D. Michele Torcia[2], ben noto nella Repubblica Letteraria, s'erano già divulgate; non avendo questi potuto resistere alle richieste degli amici, e dello stesso P. Cavallo. Mi dispiacque moltissimo in sentire, che si era ne' paesi Oltramontani saputo, che in Napoli da un Professore si facevano tali proposizioni sostenere; e che avrebbero certamente creduto, che almeno il P. Cavallo fosse stato poco esperto; quandochè egli è dotato di sublimi cogni-//2//zioni; ma solamente non so se per la vivacità de' suoi talenti, o per l'amor della novità, o per qual'altra cagione ha avuto lo sfortunio di volersi persuadere di alcune false proposizioni; e da niuno forse sono stati approvati i suoi sentimenti. E perché un Illustre Personaggio, a cui tutta la Nazione, ed io particolarmente dobbiamo moltissimo, e il dotto Barone D. Giambattista Lentini di Monopoli, che anche mi onora della sua amicizia, mi hanno comandato, che almeno in iscritto facessi noto al Pubblico, che variamente di ciò discorre, quali sieno le vere opinioni

---

[1] N. Fiorentino, *Saggio sulle Quantità Infinitesime e sulle Forze Vive e Morte*, s.l., s.e., s.d., pp. 1-4.

[2] Su Torcia, cfr. E. Tortarolo, *Michele Torcia: un funzionario tanucciano tra Magna Grecia ed Europa*, in *Bernardo Tanucci e la Toscana. Tre giornate di studio. Pisa-Stia 28-30 settembre 1983*, Olschki, Firenze, 1986, pp. 139-148.

del P. Cavallo; acciocchè e questi non fosse imputato di quel che non avea detto; e che si sapesse la verità delle cose, ove forse non si sapea; perciò mi sono accinto a scriverne qualche cosa. Se questi comandi, e queste ragioni non ci fossero state, certamente non avrei impiegato niuna parte del preziosissimo tempo, (e ora precisamente) in esporre queste cose al Pubblico; il quale con ragione lascia nell'obblio tutto quello, che non gli reca utile alcuno. Ma in iscrivendo, ho riflettuto, che essendosi saputo da' giovani studiosi, che anche nelle proposizioni elementari delle Matematiche vi erano va-//3//rietà di opinioni, quando ché il principal vanto di esse consiste nella certezza delle proposizioni, che vi s'insegnano; eglino avrebbero perduto per queste scienze sì belle, sì sublimi, e sì utili quella stima, che ne aveano conceputa; e siccome ora da pochi si coltivano, in appresso forsi, essendovi quest'altro ostacolo, pochissimi vi si sarebbero applicati. Ed avendo avuto ancora, scrivendo, occasione di riflettere su alcuni paradossi, e quistioni Matematiche; ed essendomi lusingato di sviluppare i principj, onde potesse mettersi fine, e liberare queste Scienze dal difetto dell'incertezza, che suol nascere dal non osservare la più utile regola della vera Fillosofia (di non far cioè chiara idea delle cose) e dalla precipitanza; siccome dell'intutto, se Dio vorrà, mi sforzerò di fare nelle altre questioni; mi sono finalmente diliberato di pubblicare colla stampa quel, che sulle dette questioni avea riflettuto; esponendo primieramente colla possibile brevità, e chiarezza tutto quel, che si aggira intorno le dimande fatte a Mr. d'Alembert, e a Mr. de la Grange; con fermo proponimento di non sentire quanto da altri forse si replicherà. Ma io prego però ignuno di un benigno compatimento; perché la //4// mia salute, come ho detto, e le brevità del tempo, che per varie cagioni mi è stato limitato, non mi hanno permesso di fare quanto meno imperfettamente avrei potuto.

II. Prefazione delle *Lettere ad un suo amico*[1]

All'Eccellentissimo Signore
Il Signor
D. ANTONINO GUARDATI
Nobile del Seggio di Porta della Città di Sorrento &c.
&c.

Se il nome dell'Abbate Genovesi, di cui la difesa ho intrapreso, e quello dell'Avversario D. Ermenegildo Personè infelice oppositore dell'Immortale Presidente di Montesquieu[2], sembrano da una parte procurare a questa mia Operetta, almeno compatimento, dall'altra le mie deboli forze mi fanno con ragione temere dell'evento, dovendola sottomettere al severo giudizio del Pubblico. Perciò volgendo nell'animo mio a qual valevole protezione potessi questo mio Libretto affidare; più efficace di quella di Vostra Eccellenza non ho potuto rinvenire. Imperciocché i vostri sublimi talenti, per mezzo de'quali in sì tenera età avete fatto sì meravigliosi progressi nelle scienze: I vostri onesti, e docili costumi: La vostra Nobiltà, di cui l'origine si confonde nella più ri-//VI//mota antichità [...][3]. I sublimi vostri talenti dunque, i do-

---

[1] N. Fiorentino, *Lettere di Gaetano Fiorentini ad un suo amico sopra il saggio di D. Ermenegildo Personé sulla Diceosina dell'Abbate Genovesi*, presso Gennaro Verriento, Napoli, 1780, pp. V-VIII (con tagli).

[2] Il riferimento è alle *Riflessioni di Ermenegildo Personè sullo spirito delle leggi tradotte dal francese, accresciute, e dal medesimo autore indirizzate ad un suo amico*, per Vincenzo Flauto, Napoli, 1765.

[3] Le pp. VI-VII sono occupate da un breve "pezzo" di storiografia genealogica, che, potrebbe essere attribuito a Gaetano, più che a Nicola, vista la formazione più propriamente politica del pensatore pomaricano. Le storie genealogiche del Regno erano, più che altro, di "competenza" ecclesiastica: cfr. A. L. Sannino, *Le storie genealogiche*, in *Il libro e la piazza. Le storie locali dei Regni di Napoli*

cili, ed onesti costumi; l'antica vostra, ed illustre Nobiltà; i gloriosi vostri Antenati; le cospicue parentele, anzi tutte le pregevoli doti dell'Animo, e del Corpo, che vi adornano, e che vi fanno stimare, venerare, ed amare da ognuno, siccome io impresi a fare //VIII// subito che ebbi la sorte di conoscervi, quando qui vi condusse il vostro degnissimo Congiunto D. Domenico Gironda egualmente adorno delle suddette doti, e precisamente della beneficenza, ch'è il solo distintivo delle anime grandi, e che perciò è l'amore di tutta questa Città; tutte queste cose dunque mi hanno con ragione indotto a pensare, che le lingue mordaci, e gl'invidi detrattori, che sogliono per qualche tempo intorbidare il giudizio del Pubblico, sieno trattenuti, dal vedere in fronte di questo scritto il rispettabile nome di V. E. E gli altri per l'istesso riflesso sieno meno severi, e compatiscano le debolezze di un giovine di venti anni coetaneo di V.E.

Altro adunque per compimento del mio desiderio non rimane, che V. E. voglia prendersi il fastidio di proteggere questa mia Operetta, che essendo stata composta in fretta per varj giusti motivi, ha molto bisogno di Patrocinio, anche a questo riguardo […].

e di Sicilia in età moderna, a cura di A. Lerra, Lacaita, Manduria-Bari-Roma, 2004, pp. 109-155.

III. Prefazione dei
Principi di Giurisprudenza Criminale[4]

//3// Quelle leggi, che convengono ad uno stato ben'organizzato, quasi mai non debbono esser le stesse, che quelle, le quali si debbono formare per lo stato mal'ordinato: non altrimenti che le regole, le quali debbe osservare l'uomo sano, le più volte sono diverse da quelle, che dee serbar l'infermo. Se le prime volessero adattarsi nel secondo stato, si avrebbero alle volte mali maggiori. Or dovendo trattare delle leggi utili per diminuire i delitti, considererò principalmente quelle della prima spezie; perché non appartiene a quegli, che scrivono, se non che il dire le vere, ed utili leggi, affrontando per diritto la marea, la tempesta delle opinioni, e lo scoglio de' ricevuti pregiudizi; mentre altri dalle particolari circostanze, volendo ottenere il minimo de' mali, sapranno con una mano abile rompere a traverso le maree, e le tempeste, e resistere come meglio si potrà. Quando però l'occasione lo richieg-//4//ga, e le cose sieno d'importanza, non tralascerò di dare qualche principio, onde si possa scorgere come ciò debba eseguirsi: ed in questo, come in ogn'altro non intendo parlare di alcun governo in particolare, se non quando espressamente lo nomino; e pure ben intendo, che quando non mi sembrano ottimi alcuni regolamenti, posso io ingannarmi, a cagion delle circostanze locali, se non altro, a me non abbastanza note.

Diverse deggiono essere ancora le leggi secondo le varie forme de' governi; onde anche ne' punti principali indicherò le varietà, che queste diverse forme di governi deono indurre. E perché tutt'i governi debbono sempre avere in mira la felicità o'l minimo de mali de' sudditi, e l'osservanza del contratto sociale, o

---

[4] N. Fiorentino, *Principi di Giurisprudenza Criminale*, Verriento, Napoli, 1782, p. 3-6.

di quelle condizioni sotto le quali uomini liberi avrebbero voluto unirsi, cedendo que' dritti, l'uso de' quali importa alla pubblica utilità; e perché il bene di tutti si vuole da Dio nostro comun Padre; perciò in quelle cose ove ci fosse anche l'interesse di altre nazioni, bisognerebbe a questo pure badare, e 'l tutto regolarsi in modo, che ne venga il minor male degli uomini, e dall'unico assioma: *Salus hominum* far derivare ogni principio di giustizia; ma bisogna con dispiacere confessare, che per la natura umana, almeno per ora, bisogna chee quasi sempre si faccia uso dell'altra regola: *Salus Populi*. Tutte le altre idee di giustizia, di equità, di compassione, di sdegno, di vendetta, ec. deono con quest'unico assioma uniformarsi; altrimenti sono vaghe, oscure, incerte, false, e contraddittorie. Come ancora tutte le inclinazioni naturali, e le massime, che riceviamo dall'educazione, dall'esem-//5//sempio, o in altra maniera, e che sogliono ridurci al dubbio, all'alternativa, all'inconsequenza, e che non ci fanno essere né pur buoni cittadini, tutte queste massime, dico, debbono regolarsi col gran principio della massima pubblica utilità, che dal senso comune de' Filosofi viene approvato talmente che da questo si fanno derivare i diversi principj *conoscitivi*, come dicono della legge di Natura. Perciò io dimando perdono se troppo spesso ritornerò all'uso ed all'apologia di questo principio. Del quale i gran Filosofi e Giureconsulti Romani, e le leggi Inglesi, le nostre, ed altre avendo fatta un'eccellente applicazione, mi farò lecito addurre i savj sentimenti degli Autori di queste leggi, per ispiegare, e comprovare i miei, specialmente quando sieno contrarj ad altri, che si vogliono introdurre.

Io ben comprendo, che l'impresa è sopra le mie forze, ed ora spezialmente, che varie note circostanze non mi permettono di fare quanto io vorrei; e per questa ragione, e perché qualunque sia questo mio scritto dovrà scomparire allo splendore dell'opera, che sull'istesso soggetto è per dare alla luce il Cavalier Filangieri, che ha mostrato la sua perizia in queste scienze, dovrei astenermi di darlo alla luce: ma parte di queste circostanze considerate in altri aspetti, e 'l desiderio di contribuire alla perfezione di questa scienza sì utile (che sarà forse in parte soddisfatto dal sentire le altrui opinioni, e di ampliare poi, e correggere quel, che ho scritto da gran tempo) mi hanno spinto a pubblicarlo.

Queste cose, che ho voluto ad alcuni ricordare, poiché il Pubblico con ragione non le cura, mi faranno, io credo, presso di questi ritrovar compatimento; ma senza di queste vi saran coloro, che sapranno a quali cagioni debbonsi attribuire alcuni difetti; ed io prego gli altri a non dare giudizio alcuno se prima non abbiano ben combinate le mie idee. //6//

E sebbene io scrivendo i Principj Filosofici della Legislazion Criminale, sembra che non dovrei entrare nelle cose di religione; pure perché alcuni di questi Principj han rapporto con questa; e perché dobbiamo sempre ricordarci d'esser Filosofi Cristiani, e non lasciare perciò il più sicuro metodo per ritrovar la verità; della nostra vera, e pura religione farò uso, quando il bisogno lo richiegga.

IV. Prefazione delle
Riflessioni sul Regno di Napoli[5]

//IX//

AL LETTORE

Le tante, e continue nostre miserie cagionate dalla nostra ignoranza, e da' nostri pregiudizj sopra multi punti fisici, e morali, che producono le continue cattive ricolte, e le oppressioni de' poveri, e degli uomini dabbene, sintantoché dal Sovrano si fa il possibile per la felicità de' suoi Vassalli, mi han fatto credere esser dovere di cittadino esporre i principali nostri mali, la loro origine, e 'l rimedio, che vi credo più proprio; e comechè i due più pressanti malanni sono l'inesecuzione delle leggi, e le penurie, che nascono dall'essere i terreni stanchi, dal non esservi che pochi vergini atti alla coltura, e dall'ignoranza crassa dell'agricoltura, accennata qualche dottrina sulla legislazione (di cui si è parlato a lungo ne' Principj di Giurisprudenza Criminale) *su di essa agricoltura soprattutto, e della colligata pastorizia esporrò i miei deboli sentimenti.*

Si sa, che la ricchezza, e la felicità delle Nazioni nasce dall'agricoltura, dalle //X// arti, e dal commercio ben intesi; ma più da quella soprattutto fra noi; ed è perciò un grande inconveniente trascurarsi questa sì bella, ed utile arte per ogni verso, stando noi nel clima, e nel suolo più adattati di tutta la Terra; sintantochè tutti gli sforzi de' più peregrini nostri ingegni si aggirano sopra le materie forensi, ho creduto eccitare almeno qualche bell'ingegno Provinciale allo studio della medesima, ed invitarlo a fare qualche esperimento di quelli, che in questo mio piccolo scritto andrò esponendo; e far capire alla intera Nazione, che l'agricoltura non è la scienza più facile del Mondo, e non consiste solamente nel lavorare i territorj; ma nel conoscer la loro natura, e sapersi mischiare, e concimare; nel fare i lavori ne' tempi convenienti; nella scienza degli strumenti villerecci più adatti ad eseguire i lavori, e della quali-

---

[5] RRN, pp. IX-XII.

tà, e scelta de' semi proprj di ciascun terreno; nella cura del bestiame necessario per la coltura, e per lo concime; nella conoscenza del rapporto della medesima colla Pastorizia, e perciò nell'arte di prevenire, e curare le malattie de' bestiami, e nell'attenta, e continua osservazione delle stagioni, e de' climi; e perciò comprendendosi quanto sia difficile quest'arte, e quante conoscenze richiegga, si po- //XI// si potesse seriamente da ognuno, specialmente ne' presenti bisogni, e tra le continue penuria, far tutto lo sforzo a perfezionarla, sull'esempio ancora delle altre Nazioni, che addurrò, per tentar di persuadere questa verità: non ostante che avendo riguardo alla gran forza de' pregiudizj, ed alla mia somma debolezza, poca speranza ho di ottenerne l'intento; come poco si è profittato delle istruzioni dell'Abate Genovesi, del Principe di Migliano⁶, del Marchese Palmieri⁷, del Sig. Targioni⁸, del Marchese Spiriti⁹, dell'Abate Longano¹⁰, del Signor Patini¹¹, e di altri. Ma basterà a me di aver fatto quanto io poteva, senza essere spinto da altro motivo, che dall'amore del ben pubblico. Solamente mi spiace, che alcune dolorose circostanze (le quali mi avrebbero dovuto trattenere di scrivere) non permettendomi né pur di ben'ordinare le mie idee, non potrò togliere da questo mio bozzo qualche imperfezione delle molte, che ve ne sono. Sono dunque veramente degno del tuo compatimento; e ti priego di leggere scevro di pregiudizj, e non ispaventarti di certe novità, che ti sembreranno assurde, come quella, che "vi è il modo di rendere uno Stato ricchissimo, potentissimo, e felicissimo, senza che alcuno paghi verun dazio". Queste //XII// ste, ed altre utili verità io spero

---

⁶ Francesco Loffredo, Principe di Migliano, noto corrispondente di Genovesi, che gli dedicò, nel 1764, l'edizione accresciuta dell'*Agricoltore sperimentato* di Cosimo Trinci, citato come valente agronomo anche da Columella Onorati.

⁷ Il riferimento è, ovviamente, alle *Riflessioni sulla pubblica felicità relativamente al regno di Napoli*, per Vincenzo Flauto, in Napoli, 1788.

⁸ G. Targioni Tozzetti, *Ragionamenti sull'agricoltura toscana*, nella Stamperia di Giacomo Giusti, in Lucca, 1759.

⁹ Fiorentino cita qui G. Spiriti, *Riflessioni economiche politiche d'un cittadino relative alle due provincie di Calabria*, Flauto, Napoli, MDCCXCIII.

¹⁰ *Viaggio dell'Abate Longano per la Capitanata*, presso Domenico Sangiacomo, in Napoli, 1790.

¹¹ Ci si riferisce a V. Patini, *Saggio sopra il sistema della Regia Dogana della Puglia, suoi difetti, e mezzi di riformarlo*, nella Stamperia della Società Letteraria e Tipografica, Napoli, 1783.

mostrarti; se con attenzione, e senza pregiduizj, ripeto, tu leggerai. Io poi non intendo dirti tutte cose nuove; ma le dottrine utili, *dicea Cartesio,* non giovano, se non si ripetano spesso, finché diventino abito[12], *e biso-gna ripeterle se nuovi vantaggi si mostrino.*

<hr>

[12] Fiorentino trovava, in un simile contesto, questa massima di Cartesio in A. Genovesi, *Lezioni di commercio,* XXI 24.

v. *Inno a San Gennaro*
per la Conservazione della Libertà[13]

San Gennaro, protettore
  Della nostra alma Cittate,
  Serva tu la libertate
  Al tuo Popolo fedel.

Resistesti a due Tiranni,   5
  Per sostegno della fede;
  Or dimostra a chi nol crede
  Quanto il nostro fu crudel.

Che di nostre spoglie carco
  Fuggì ratto il vil codardo;   10
  Dunque un tuo celeste dardo
  Scocca presto al reo fellon.

Strugger noi tentò col foco
  Con quell'empia sua Tiranna;
  Sicché affretta la condanna   15
  Pur de' socj suoi ladron.

Ahi le nostre aspre ritorte
  Quanto fu pesanti, e dure;
  E continue fur le cure,
  Per avere un po' di pan!   20

E lo stupido Tiranno

---

[13] In BNN, *Rari*, S.Q.XXXIII.F.7, f. 19; trascritto in Battaglini-Placanica, vol. III, pp. 2017-2018.

Spese tanti milioni
Ne' giardini, ne' burroni,
Nelle cacce, e ne' suoi can.

Pel tuo SANGUE prezioso,   25
   Che da noi qui si conserva,
   Non permetter più che serva
   Torni questa tua Città.

E sia ben ch'alle Provincie
   Stendi tua difesa, e al core   30
   Di ciascun spiri l'ardore
   L'Eguaglianza, e Libertà.

Il poter, l'error degli Avi
   Lungi sian da noi banditi;
   Né più mai sian'avviliti   35
   Cogl'infami adulator.

Solo al merto, alla virtute
   Fa che sian gli onor divisi;
   E del tutto sien conquisi
   Della Patria i traditor.   40

//Col. II //Tua difesa ancor distendi
   Agli Eroi, che col lor sangue
   Han giurato fare esangue
   Come il loro ogni altro Re.

E per cui, miracol novo!   45
   Dare al Popolo il governo
   Vuol la Francia; e al caldo, e al verno
   Riunirlo poi con se.

E fia ben ragion se avvenga,
    Che risplendan come il Sole   50
    Della stessa al Mondo sole
    L'alte, degne, e gran virtù.

Or però a noi conviene
    Celebrare il sacro giorno,
    Che non più veggiamo intorno   55
    Segno alcun di schiavitù,

Mercé i forti Galli, e invitti,
    L'Immortal GARAT[14] co' quattro
    Che da Tile sino a Battro[15]
    Sanno assai ben governar.   60

Eseguendo le gran viste
    Di quei savj lor Senati,
    Onde tutti i Principati
    Si è già fisso d'annientar.

Non fian piene le prigioni   65
    Di zelanti Cittadini,
    Ma di rei, di malandrini,
    Ch'ànno a schifo il nostro ben.

Non fia più d'un sol la voglia
    Sì crudel, proterva, e ria,   70

---

[14] Dominique-Joseph Garat (1789-1833), docente di storia, sostenitore di Robespierre e, dopo Termidoro, nominato dalla Convenzione componente del Comitato Esecutivo della Pubblica Istruzione. Su di lui, cfr. M. Duhart, *Dominique-Joseph Garat*, in "Bulletin de la Societe des Sciences, Lettres et Arts de Bayonne", n. 149, 1993-94.

[15] L'ovvio archetipo di questa metafora volta a indicare l'estremo nord, così come "Battro" (Battriana) indica l'estremo Oriente, risale alla celebre *ultima Thule* di Virgilio, *Georgiche*, I 30.

Né il capriccio, o la follìa,
Ch'arderanno il core, e il sen.

Solo il giusto, e la ragione,
    La virtù Repubblicana
    Renderan debile, e vana   75
    La menzogna, ed il danar.

Istruisci, o S. GENNARO,
    Nostro caro Padre amato,
    Lo Montracchio, e lo Mercato[16]
    Sul Governo Popolar.   80

Lì 14. Ventoso Anno 7. della Libertà

Il Cittadino Niccola Fiorentino

---

[16] Si fa riferimento al porto del Mandracchio e a Piazza Mercato, con una si-
neddoche per indicare la plebe napoletana.

VI. *A' giovani cittadini studiosi*[1]

//Col. 1// Egli è ben noto, che i vecchi difficilmente disimparano quel, che dalla fanciullezza hanno appreso, e più difficilmente abbandonano i loro usi; e perciò a voi dirigo alcune dottrine molto necessarie alla conservazione della nostra Democrazia.

Per conservarsi ogni Stato è d'uopo, che chi lo regge anteponga il bene di questo al suo; altrimenti nella collisione si destruggerà lo Stato, e si conserverà chi lo regge. Per l'inosservanza di questo chiaro principio si sono distrutti tutti gl'Imperi: se i nostri Tiranni non avessero voluto spendere in profusioni, in soccorrere l'Imperadore, trovandosi nelle secche, dove l'avean menato i trasporti de' lor capricci, in cacce, in pesche, in vizj, che la modestia vieta di nominare; non ci avrebbero resi esangue colle imposizioni, col toglierci gli argenti, rubarci i danari da noi depositati a' Banchi, col pagare in carta i soldi, e le merci, o sia col truffarle, col cambiare la carta colla moneta; e non avrebbero anteposto la vendetta, e l'umore contra l'inclita Nazion Francese alla conservazione dello Stato. Ed è un'osservazione di tutti gli Storici della China, ove la storia si scrive con ogni possibile libertà (perché si gettano gli scritti in luogo, che si apre solamente quando finisce di governare la famiglia del Despota), che le Dinastie sono finite quando le imposizioni sono giunte all'eccesso. Or essendo la Democrazia il governo di tutto il Popolo, ognuno dee proporre l'utile dello Stato al proprio, e questa è la virtù Repubblicana; e può anche avvenire, che pochi Cittadini non virtuosi, ed anche un solo può distrugger lo Stato: come l'avviso di uno contro lo Stato seguito dalla cieca moltitudine, un Generalissimo infedele, tre

---

[1] In BNN, *Rari*, BANC.8/B50-52, f. 71; un altro esemplare in SNSP, *Miscellanea 1799. Giornali-Carte volanti-(Privati)-Versi e prose*, coll. SD.X.B2, f. 49; trascritto in Battaglini-Placanica, vol. III, pp. 1618-1621.

Membri, ed anche due del Direttorio Esecutivo traditori (giacché tre possono deliberare). Il Cittadino, che dà il voto a chi non lo merita, il soldato, che antepone la fuga alla difesa della Patria, può esser cagione, che la Patria rovini. Ma si dirà, che la Democrazia soprattutto è uno Stato chimerico, giacchè l'uomo è mosso solamente dal suo vantaggio; ma l'arte de' Licurghi, e de' Soloni è stata di unire il vantaggio particolare al pubblico bene: quando gli uffcj e le ricompense si danno ai virtuosi, quando si educano i cittadini nelle virtù, quando si fa altrui conoscere il gran prezzo della libertà per sé e, per li posteri, si scioglie facilmente questo Problema Politico. Quando il Popolo, che dee conferirle, non vende i suoi voti, volendo il suo vantaggio, le conferirà a' virtuosi. Dunque tutto lo studio vostro, tutta la vostra applicazione dee consistere in anteporre il vantaggio della Repubblica al vostro, in insinuare questa massima alla cieca moltitudine, altrimente se ora, che dal Dispotismo passiamo alla Democrazia, non vi è vera Repubblica, perché ognuno era avvezzo ad anteporre l'utile proprio a quello dello Stato, e perciò a brigar le cariche con ogni mezzo, a fare contratti usurarj, furti, falsità, prevaricazioni, calunnie, ec.; né pure in appresso ve ne farà. Nell'uomo può molto l'esempio, spezialmente se ignorante: rammentate i Leonidi, gli Aristidi, i Milziadi, i Focioni, i Socrati, ricordate, che Napoli è Città Greca, come le altre Città della nostra Repubblica; che il primo passo, che la ragione in Italia dovea fare era in Napoli, al dir di *Voltaire*; e se negli altri paesi d'Italia è stabilita la Democrazia, qui dee fiorire al possibile; ricordate, che la legislazione, il governo fa tutto, e trasforma gli uomini; la patria de' suddetti Eroi è ora abitata da zappatori, e pastori, come i marrazzi di Pietroburgo dagli Euleri, e da' vincitori de' Turchi; la patria degli Scipioni, de' Ciceroni è stata fin'ora abitata da' soldati del Papa, e da' Monsignori: Cesare vinse i Galli, e tutto il Mondo; i Galli hanno vinto, e vinceranno tutto il Mondo, e quel ch'è più, e nuovo, ed incredibile, lo hanno liberato, e lo libereranno da' Tiranni, che si erano colligati a distrugger loro, tutti i buoni, e lo stesso nome della libertà. L'immortale *Monte-*

squieu, il gran *Rousseau*, il divino *Helvethius*, il sagacissimo *Mably*, ed altri Autori Francesi seguendo le dottrine de' nostri inimitabili Scrittori, Tacito, e Macchiavelli, somministrarono nel 1795. (A. 3. della Libertà) ad una commissione di undici Filosofi Francesi i lumi, per formare la tanto celebre Costituzione Francese, ch'è il capo d'opera della Politica, che fu esaminata dall'Assemblea, ed approvata a voti segreti da tutta la Nazione, e che con alcune deboli Riflessioni per vostro vantaggio soprattutto io ho fatto testè stampare[2].

Ma non bisogna solamente colle parole insinuare la virtù all'ignorante moltitudine; è d'uopo anzi soprattutto adempire a ciò cogli esempli: per ora voi, miei cari concittadini, potrete totalmente al- //Col. II// lontanarvi dal lusso, e lungi dal brigar cariche, con non lacero, nè lucido vestire, con casa quanto basti, e con sani e pochi cibi, e a piedi menar la vostra vita, e quel che in lusso spendevate, lo spenderete in far bene a' vostri fratelli, anche instruendoli. Non vi dispiaccia se io distesamente sviluppi questa mia idea. I savj Francesi disposero, che si portassero i capelli tagliati, e senza polvere di Cipri, per diminuire il lusso, per impiegarsi i parrucchieri alle armate, alla zappa, e per far servire il grano, onde si fa quella polvere, ad alimentare il povero; e disposero pure, che la coccarda Nazionale fosse di lana: il resto del vestire dee corrispondervi: che vi pare di coloro, che avendo i capelli tagliati, si fanno pettinare, si vestono con abiti pomposi, e sen vanno gonfj, e tronfj? Compatiteli: non sanno il fine di quell'uso, e sieguono ciecamente la moda. Illuminateli, dicendo loro, con Montesquieu (*Esp. des Loix l. 7. c.2, e 4*), *le Repubbliche terminano col lusso*: gli Spartani, i primi Romani non ebbero lusso; Roma cadde coll'introduzione del lusso[3]; il cittadino, per sodisfare al lusso,

---

[2] Della traduzione, commentata da Fiorentino, della Costituzione del 1795 non resta più traccia nella documentazione e nella pubblicistica a noi pervenuta.

[3] Cfr. le argomentazioni simili in N. Fiorentino, *Principj di giurisprudenza criminale*, cit., p. 185.

vende il suo voto, chi briga la carica, la compra; il membro del
Corpo Legislativo, e del Direttorio, il Generale, l'Ufficiale, il Soldato si prende il danaro, e le gioie da' Tiranni, per sodisfare al lusso, e fan perdere la battaglia, e la Repubblica è vinta, e disfatta:
avvezzo il Soldato alle delizie, non può soffrire i disagi della campagna, e della guerra, e snerva il suo vigore, e 'l suo coraggio col
godimento de' piaceri. Annibale in Capua è ad ognuno noto;
com'esser dee, che la temperanza, e la frugalità sono qualità necessarie, per conservarsi una Democrazia. Quel danaro, che ora è
sì scarso, e spendesi in lusso, servendo per beneficare la cieca
moltitudine, e colla medesima rendendoci familiari anche ne' luoghi da essa frequentati, facendole destramente capire (e senza far-
le comprendere, che si voglia istruire) l'inestimabile prezzo della
libertà, e quanto perciò dobbiamo ad una Nazione d'Eroi, ognun
vede, che sarà molto meglio impiegato: svanirà così certamente
ogni speranza del Tiranno, e ogni timore di controrivoluzione. Il
fine del lusso è l'attirarsi gli sguardi dell'ammiratore Popolo, e
conseguirne la stima; ma il Popolo specialmente illuminato prez-
zerà da oggi innanzi i virtuosi, e disprezzerà gli altri, e voi in questo anche dovete destramente illuminarlo: siccome anche dovete
dirli, che se la Francia vinse tutt'i Tiranni colligati contro di essa,
avendo nel tempo stesso in più luoghi più d'una grave guerra civile, in cui i ribelli col cannone arrestarono qualche volta le falangi
Repubblicane, nessun timore possiamo noi avere, se ella ci pro-
tegge, ora che non ha guerra civile, e l'Olanda, i Paesi Bassi, gli
Svizzeri, Genova, Milano, Roma, e la Spagna sono a lei, e perciò a
noi, alleati; e sono piuttosto da disprezzarsi le voci, che spargono
i satelliti del Tiranno, che questi sia in Regno, che il Turco, il quale ha più guerre sulle braccia, l'ajuti collo sbarco di truppe; e tanto
più che pochi insurgenti, o ladri possano rovesciare la Repubblica.

Sì da voi, amatissimi miei giovani cittadini, da voi solo io
spero lo stabilimento della nostra Repubblica: attendete solamente a rendervi, e formare virtuosi i vostri; distruggete coraggiosamente quel terribile mostro divoratore delle Repubbliche, chiama-

to *Egoismo*, che qual Vertunno[4] in mille volti si trasforma, e ci seduce, e c'inganna sotto apparenza di Astrea; disprezzando coraggiosamente gli scherni degli sciocchi; leggete, rileggete i menzionati Autori, e la suddetta Costituzione, e fateci le vostre Riflessioni, per adattarla alle circostanze locali, e somministratele al Governo: e fate vedere a' savj Francesi colle vostre azioni, e con
qualche letteraria produzione (*a*), che il suolo Napolitano, non
ostante sia stato sotto la tirannide di un'imbecille, e di una furia,
memori gli abitanti della Greca sapienza, e del valor Italico, abbia
prodotto delle poche grand'anime Cosmopolite: e insinuate a' vostri amici giovani militari, come per altro dovreste esser tutti, che
una carriera più luminosa è loro aperta: la difesa cioè della Padria
da' nostri ed altri Tiranni, dagl'insurgenti, e dagli assassini; e specialmente se loro riesca colle proprie mani trucidare coloro, che
tante infelici vittime innocenti hanno offerto agli Dei Infernali. E
soffrite in pace qualche cosa, che non vi sembra giusta: il tempo, i
lumi, che acquisterete, e farete acquistare, le vostre azioni virtuose, e l'Ente Supremo, che si mostra ormai stracco de' furori, e
delle oppressioni de' Tiranni, vi rimedieranno; ricordatevi della
gran massima: *minima de malis*[5].

(*a*) La carriera delle produzioni politiche e morali è quasi
nuova fra noi, a cagion del rigore del Dispotismo, che proibiva di
render comuni i buoni libri, e molto più di stamparli: ma non si
dee copiare, e tanto meno commettere qualche plagio, attribuen-
do a se la gloria dell'invenzione; siccome per sua sventura fece il
Filangieri, che fra l'altro nel *v. 12. l. 3.* Dice: *Non si potrebbe ... dimostrare, che una causa unica... è... il principio comune d'attività in tutt'i
governi, e che questa causa è l'amor del potere?* E si rifletta, che prima in
una nota avea detto *Elvezio* de l'Homme Sez. IV. Cap.XI.: *La mol-*

---

[4] Cfr. Ovidio, *Metamorfosi*, XIV, 650 ss. per i poteri metamorfici del dio Ver-
tumno.

[5] La massima, passata in proverbio, è attestata in questa forma in Cicerone,
De officiis, III 29, 6.

tiplicità degli Scrittori, che han confutato il sistema di Montesquieu, m'induce a stabilire qui il mio, senza pensare a contrastare il suo: e così in tutto il capitolo con prove anche prese dall'Elvezio dà per sua tal dottrina, quantochè il cap. suddetto di Elvezio è intitolato: *L'amour du peuvoir, dans toute espese de Gouvernement, est le seul meteur des hommes.* Riflettendo, sganciandovi dal centro dell'oppressione tirannica all'alto vortice della Democrazia, potrete emulare gli originali. Così riflettendo, che il Montesquieu avea detto essere la virtù il principio motore delle Democrazie, doveasi piuttosto vedere di conciliare questi Autori, col dire, che questi avea detto quel, che dovea essere il principio motore, e quegli, quel, che era; e che l'arte del legislatore dovea consistere in far che il potere si concedesse agli uomini virtuosi, a coloro, ripeto, che nelle battaglie, negli affari privati, in altri pubblici impieghi avean costantemente preferito la giustizia, e 'l ben pubblico al proprio. Similmente il Longano nel suo Uomo Naturale ebbe la sventura di tradurre *De l'Esprit*[6]; lusingandosi questi Autori, che in Napoli non penetravano le opere di Helvetius, e simili. Il nostro Genovesi però è stato anche più candido.

---

[6] F. Longano, *Dell'Uomo Naturale*, Cosmopoli 1788.

VII. *Ragionamento su la tranquillità della Repubblica*[1]

Son più di 40 giorni, che proposi a voce, ed in iscritto ad un Rappresentante del Comitato delle Finanze[2] alcuni sentimenti intorno l'esazione de' tributi, e dopo dieci altri dì diedi ad un suo socio due lunghi fogli sul medesimo oggetto, e su quello de' Banchi. Ma siccome il primo ebbe qualche effetto, così del secondo non ne ho intesa parola; supponendolo perciò disperso, ho stimato pubblicarli come ora le idee mi si presentano.

Se bene uno degli oggetti di chi imprende a mostrare la verità di un sistema, o di un'opinione sia di confutare i sistemi, e le opinioni contrarie, pure, parlando al pubblico illuminato, stimo inutile far vedere distesamente il danno degli altri sistemi su i Banchi: tanto più che farebbe una fatica immensa. Solamente dirò, che avendo la Nazione saviamente assicurate le carte di Banco, è certo modo mancare alla buona fede il sospendere il corso alle medesime, e pagarne l'interesse; giacché l'assicurazione in tutta la sua estensione significa negozio di scarsi capitali ridotti in carte, mercè gl'inganni, ed i tradimenti degli scelleratissimi Tiranni (che sebbene si veggono ogni giorno, per dir così, opprimerci e rubarci ne' Banchi, e sollevarci le Provincie, e farcele prive d'abitanti, e d'abitazioni, pure dagl'ignoranti si desiderano) si ridurrebbero alla mendicità, ed alla disperazione. Né si comprendere come si pa-

---

[1] In BNN, *Rari*, BANC.8/B50-52; trascritto in Battaglini-Placanica, vol. III, pp. 1727-1730.

[2] In questo periodo ne era presidente Prosdocimo Rotondo e ne erano componenti Vincenzo Porta, Giovanni Riario, Melchiorre Delfico (cfr. Battaglini-Placanica, vol. III, p. 2063); è probabile, vista la citazione proprio di Delfico nel seguito, che il componente del Comitato al quale Fiorentino avrebbe presentato la bozza di progetto nel febbraio fosse l'illuminista abruzzese, o quantomeno proprio Rotondo.

gheranno gl'interessi in moneta, e come si ravviveranno il credito, e la sicurezza nazionale, necessarj per le compre.

I primi due metodi, che da per loro si presentano, per estinguere le carte, sono l'introduzione, o la fabbricazione della moneta, e la pace interna, ed esterna, che proccurando lo smercio degli olj, de' grani, delle lane, e di tante altre merci, potrebbe far introdurre il danaro: la maggior parte si dovrebbe vendere in carte. Ma non avendo noi miniere, e non potendo sì facilmente lusingarci della pace esterna, bisogna pensare ad altri spedienti.

Si progettò anche da me la fusione delle campane, e si vuole, che non sia riuscita: stento a crederlo, poiché col bronzo liquefatto si sono formate le campane, e le monete antiche; poco importando, che anche ora si facciano in altra guisa: ma sia vero; chi non sa che coll'addizione di altro poco di rame (giacché il bronzo è formato dal miscuglio del rame, e dello stagno) o di altro metallo, o di qualche mestruo può il composto di metalli rendersi più o meno fusibile, o friabile? Questa parte di Chimica non è fra noi ignota. Si dia l'incombensa a' periti, si prometta loro un competente premio, ed io assicuro che si potrà ottenere l'intento. Né si tema, che l'ignorante Popolo creda così attaccata la religione, giacché da più tempo forse anche per questo motivo le campane non ci assordano, e gli atti di religione non sono diminuiti: alcune campane non ci assordano, e gli atti di religione non sono diminuiti: alcune campane si sono tolte, e non ci è stata minima doglianza: e si potrebbe da' Vescovi, da' parrochi, ed altri Preti far istruire il Popolo sulla non necessità delle campane, e sul bisogno urgentissimo della Repubblica; lasciando le campanelle bastevoli a' segni ordinarj della nostra Religione tanto necessaria al bene temporale, e spirituale.

Si potrebbe proibire ogni uso di tutt'i metalli semplici, e misti, ed atti alle monete; pagandosi in moneta dalla zecca il moderato prezzo de' medesimi: come la proibizione degli argenti, e dell'oro, non ostante la paga in fedi, che ne fece quel rapinatore del nostro, e dilapidatore del suo, recò piuttosto piacere a molti, perché gli posero in capitale fruttifero; così non dispiacerà a moltissimi a esso il mettersi in simile capitale, o convertirli in cose necessarie, finalmente ora che la miseria gira per tutte le classi. Giova sempre accompagnarvi la persuasione: in Svezia si è eretta una statua di rame al primo Ministro, che tolse l'uso di tal velenoso metallo nelle cucine.

Potrebbesi invitare l'invitta, e gran Nazione Francese colle solite condizioni ad esser risponsabile e galante di tutte le compre: chi de' saggi non sa, che la grandezza della popolazione, l'entusiasmo Repubblicano, le alleanze con tante potenze, la disciplina, il coraggio delle Truppe Francesi, l'amor della libertà diffuso in tutta la Terra, e l'opinione di lei Sovrana rendono certa la depressione di tutt'i Tiranni, non che la sicurtà delle Repubbliche nascenti? Ma i saggi sono pochi, e i ricchi, gli avidi ricchi che stimano più il denaro che se stessi sono per lo più sciocchi e avendo veduta una mutazione di governo, credono poter facilmente avvenire altra mutazione: e si sa quanto i pregiudizj, e gli usi possono su gli uomini spezialmente ignoranti, ed il tempo, che tutto distrugge velocemente, molto lentamente distrugge e diminuisce ciò che dalla fanciullezza abbiamo impreso, e rispettato: e perciò siccome molti di questi ricchi han comprato dagl' iniqui Tiranni anche dopo aver contro tutte le leggi Divine e umane invasa la Repubblica Romana così ora non vogliono comprare anche con carte i beni della Repubblica sotto la protezione dell' invitta Nazion Francese; la quale ben sapendo non potersi avere alcuna speranza dagl' imbecilli Tiranni di qui ritornare, ed essendo generosa, e liberale (checchè alcuni facciano in contrario) difficilmente non corrisponderà a tale invito (*a*).

È vero, che l'insurgenza può frenare alcuno a comprare i beni Nazionali: ma si dee persuadere che pochi ladroni non possono resistere alle invitte Falangi Repubblicane, che ha mostrarsi alle numerose truppe del ben noto loro disleale congiunto hanno fatto 10000 prigionieri, e le rimanenti uccise e fugate: e finirà l'insurgenza se: I, si diminuiscano tributi a' poveri, come ha fatto lo zelante savio Rappresentante Delfico in Abruzzo, e si rilasci l'attrasso; 2, si facciano eleggere i Rappresentanti dalla parte pacata della Repubblica, in proporzione della popolazione, e si faccia sapere, che così farà la rimanente, quando è tranquilla; 3, si dia il perdono a' ribelli, se non sieno recidivi, e depongano le armi; 4, se non si dia il sacco alle case de' Patriotti, e non si mettano questi in contribuzione, e usandosi con tutti la solida lealtà, e bontà Francese, non che il suo valore, nella prevenzione, che i tradimenti, e le imboscate sono le armi più forti degl'insurgenti; 5, si richiamino subito i Commessarj organizzatori, di cui non si han certe ripruove di lealtà; 6, si diminuiscano i soldi degl'impiegati, e 'l loro lusso; 7, si tolgano gl'impiegati per errore, per parentela, per amicizia, 8, si tolgano i diritti proibitivi, e la feudalità come in Torino, giacché l'antico esempio di Francia non è adattabile alle circostanze presenti, 9, si guardi con cautela il littorale, spezialmente delle Calabrie, e si affretti la spedizione della Sicilia; 10, si faccia il possibile per far correre le poste; 11, si carcerino i principali sospetti Realisti.

Intanto facendosi presente con proclami, e per mezzo de' suddetti, ed altri Istruttori la sicurezza della Repubblica, si potrebbero cominciare a mettere in vendita i beni Nazionali vicino la centrale a moneta sonante, e gli altri beni porzione in carte, e porzione in moneta; e questa in ragion inversa della distanza dalla centrale, e darsi dopo l'apprezzo, e gli atti soliti di candele, e di evinzione. Ma sulla diversa natura, e qualità di beni, e modo di vendere già a lungo nelle suddette memorie ne parlai, e mi riserbo in altro foglio più distesamente ragionarne, se le circostanze lo richiederanno. Le fedi di ducati tremila in su potrebbero avere quel destino, che a tutte da alcuni si è progettato, di farsi cioè pagar l'interesse, ma ad un prezzo moderatissimo; giacché essendo ricchi i possessori, cessa la ragione di ridursi alla mendicità le famiglie, che vivono con piccoli capitali, e nelle democrazie le ricchezze concentrate producono la lor rovina.

Si crede, che facendosi pagare in moneta le gabbelle, le dogane, e i dazj, e versandosi ne' Banchi, si faccia un gran vantaggio: ma le carte ricercate per pagarsi i dazj decresceranno maggiormente di prezzo; il commercio, e la *grafica* della Città decresceranno, perché si diminuiranno i Capitali a ciò impiegati: e si darà fondamento alla diceria, che alcuno voglia appropriarsi il contante, quando con questo metodo per più tempo non avremo Banco, e avremo poco sulle carte.

Per evitare la frode de' Ministri pecuniari, che si sono straricchiti (anche fingendo ordini di doversi esigere in contante, che poi si han venduto, e si conservano) progettai di esibirsi al Governo da questi le carte identiche pagate da' debitori del Governo, e da' compratori di merci soggette a dazj, colle girate spieganti la causa del pagamento, e legalizzate anche con due testimoni scribenti: e potendosi unire più in una sola paga. Solamente so l'ordine di pagarsi la decima con polizze dirette alla Tesoreria Nazionale: ma io replico il mio progetto; e aggiungo, anche ne' Dipartimenti; e direi i piccoli fino a ducati dieci in contante, e gli altri parte in contante e parte in carte, e farsi pubblicare gli ordini con ogni solennità, e relatare dall'intera Municipalità […].

Indice onomastico